美しい口もと

for every smile

歯科医師
口もと美容スペシャリスト
石井さとこ 著

「きれい」と言われる女性は全員、
必ず口もとをケアしています。

どうしてでしょうか？

それは、口もとが清潔感の源であるとわかっているから。

揃った歯並び、白い歯、潤いのある唇が、その人の顔の印象に与える影響は計り知れません。

試しに、目もとを手で隠して、
口もとだけで写真を撮ってみましょう。
いつも鏡で見ている印象より
老けて見えたら、危険信号。
たるみやだらしなさは、
まっ先に口もとに現れます。

目指すべきは、清潔感をもたらしてくれる美しい口もと。
口もとに自信がなかったら、
思いきり笑うこともできなくなってしまいます。
最高の笑顔は、美しい口もとからつくられるのです。

はじめに

歯医者としてあらゆる女性を診てきた私は、健康でキレイな歯になることはもちろんのこと、美しく素敵な口もとになるためには、どうしたらいいのかを毎日毎日考えあぐねています。

最近は美容や健康に注目が集まっていますが、口もとに関しては二の次になっている人が多いと感じます。でも口もとこそが、美容と健康の大きなポイントなのです。

私はこれまで20年以上芸能人や女優、モデルの口もとを指導し、そして2005年から2012年まではミスユニバースの口もとのサプライヤーとして彼女たちの口もとをプロデュースしてきました。

そこで気がついたことがあります。顔の若々しさや美しさの要素は「口もとに9割」隠されているということです。

歯や唇が美しくなることで、笑顔に自信がつき、イキイキとした表情になり、魅力がアップし、周囲にどんどんほめられて、キラキラとオーラのある輝きが増して成功していきました。

口もとで若返る
口もとで美人になる
口もとで人生が変わる

今まで口もとに意識が向いていなかったら、見直してみてください。そして、口もとがキレイ、歯が白いね、唇が可愛い、とほめられる瞬間を増やしてみませんか？　そんな瞬間が増えると、口もとはもちろん、顔や身体が瑞々《みずみず》しく潤っていくことを実感できると思います。
そして、楽しみながら、本書のメソッドを実践してください。

CONTENTS

LESSON3 自信がもてる口もとになる、オーラルケアの基礎知識

Lesson 1

今すぐやってほしい「美しい口もと」をつくるメソッド

美しい口もとを手に入れるために、今すぐやってほしいエクササイズがあります。どれもすぐにできて簡単なものばかりですから、「やらなくちゃいけない」ということではなく、ぜひ「キレイになるために楽しんで」やってみてください。最高の笑顔になる方法を紹介します。

PRACTICE 1 唇まわりをキレイに。だ液量もアップ!

ぴよぴよぷーエクササイズ

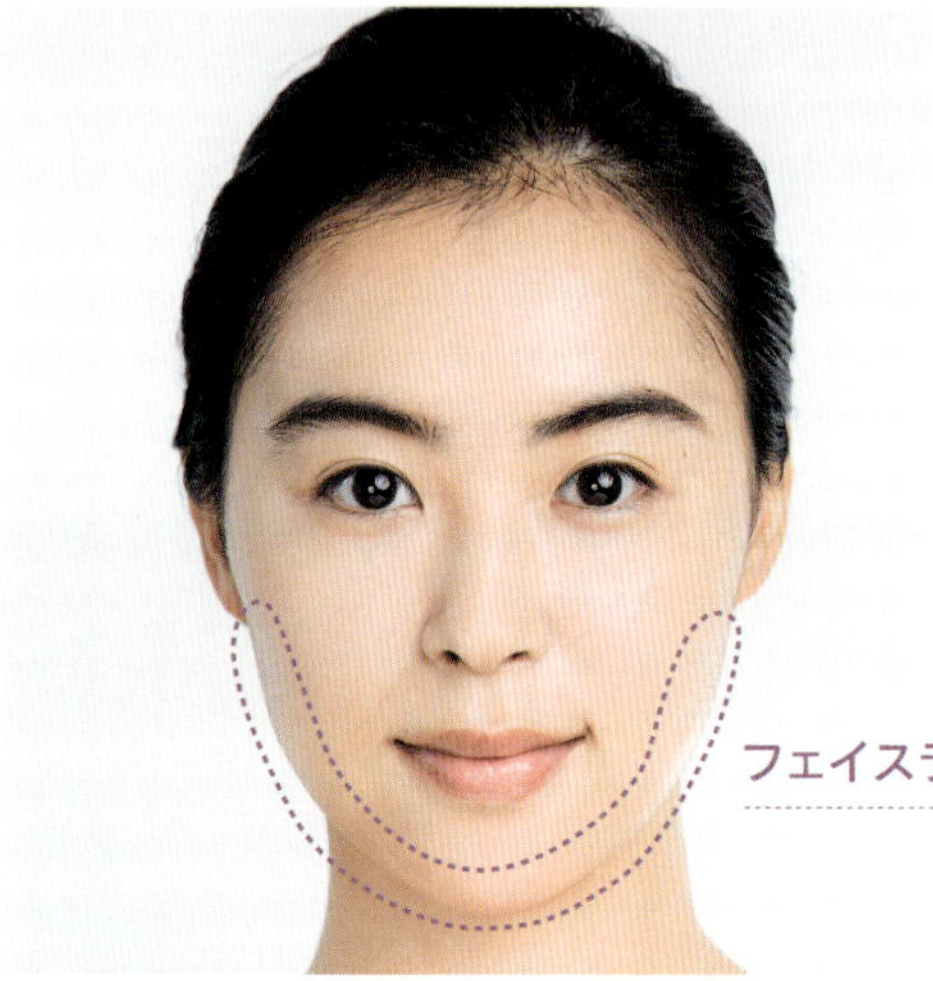

こんな時に!

・顔の下半分がもたついてきた
・ほうれい線が気になるようになってきた

効果

・だ液量を増加させる
・フェイスラインをすっきりさせる
・むくみ防止
・唇の老化防止

ここが鍛えられます!

・口まわり・フェイスラインの筋肉など

10回

1

唇をすぼませて「ぴよぴよ」

頬肉を思い切り吸い込み、くちばしをマネて唇をすぼめます。そのまま唇を小鳥が「ぴよぴよ」とさえずるように上下に開けたり閉めたりを10回繰り返します。

Point
最初は動かせなくてもOK。何度か繰り返してみて！

2

「ぷー！」と勢いよく膨らませる

大きく深呼吸して、唇をすぼませたまま両頬を「ぷー」と勢いよく膨らませて口輪筋をほぐします。意外に難しいので覚えるまで繰り返してOK。

Point
頬を思い切り膨らませて！

1回

PRACTICE 2 舌をたくさん動かす舌の筋トレを！

レロレロエクササイズ

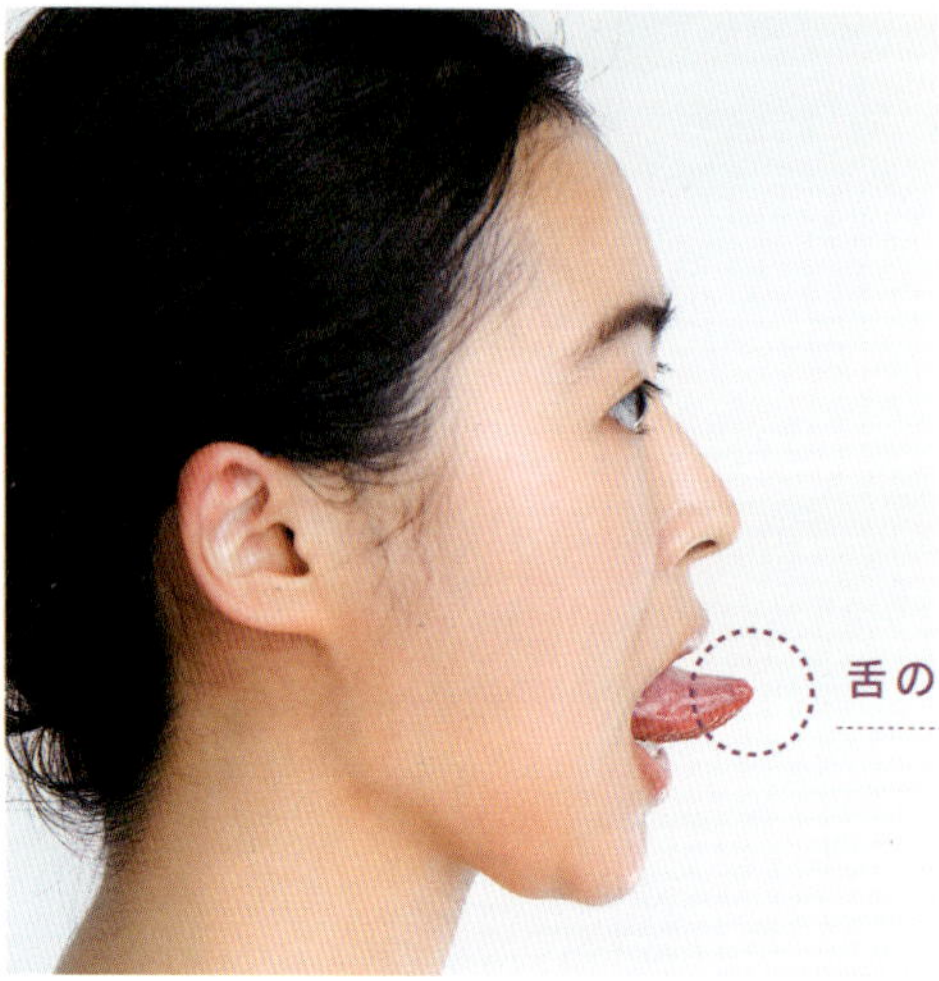

こんな時に！

・舌が下がってきたと感じる
・顔が歪んできた

効果

・舌の老化予防
・舌の位置下がり解消
・お口ぽかん解消

ここが鍛えられます！

・舌まわりの筋肉

レー

1→2を10回

1

舌を思いっきり出し「レ」

英語のRを発音する感覚で舌を「レー」と思いっきり出して。必ず声を出して舌を動かします。

Point
声を出してしっかり筋肉を使って

2

口の中で舌を丸め「ロ」

舌を巻くように引っ込め、「ロー」と発音します。このとき、舌先が口の上に触れるように意識して。なるべく大げさに10回繰り返すことで舌が正しい位置に戻ります。

Point
舌先を上あごにつけるように

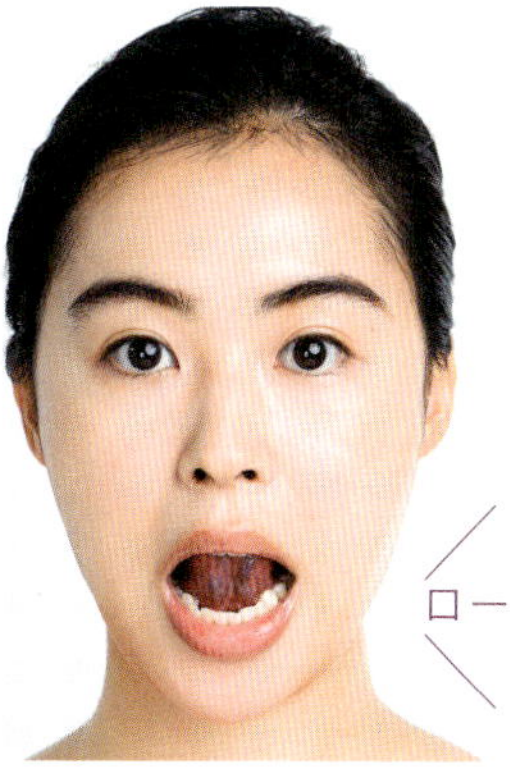

ロー

PRACTICE 3 キュッと上がった口角で笑顔をブラッシュアップ

歯ブラシで口角上げ

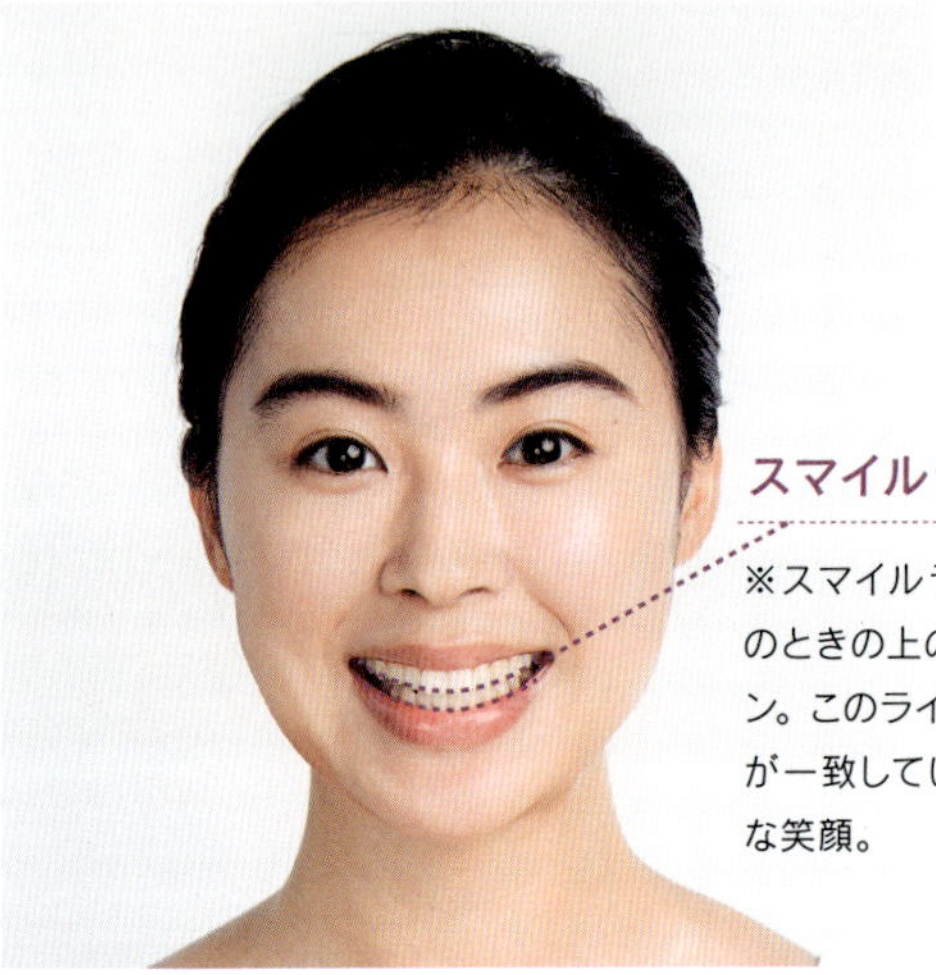

スマイルラインに効く!

※スマイルラインとは、笑顔のときの上の前歯の先端ライン。このラインと下唇のラインが一致しているのが、魅力的な笑顔。

こんな時に!

- 口角が下がってきた
- 笑顔をもっと輝かせたい

効果

- 口角アップ
- 口もとのたるみ改善
- スマイルラインの変化
- 笑顔に自信がつく

ここが鍛えられます!

・口角の筋肉・頬の筋肉

1

歯ブラシをくわえて口角確認

歯ブラシを前歯の犬歯で横にくわえると、口角が自然に上がります。これが笑ったときの理想の口角の位置。

Point
強く噛まなくて OK

2

キュッと口角を引き上げて

口角に力を入れて引き上げると、リフトアップした状態が脳にインプット。歯みがき後、朝の顔むくみの解消にも。

Point
目もぱっちり開けて

10 秒キープ

下唇ふーエクササイズ

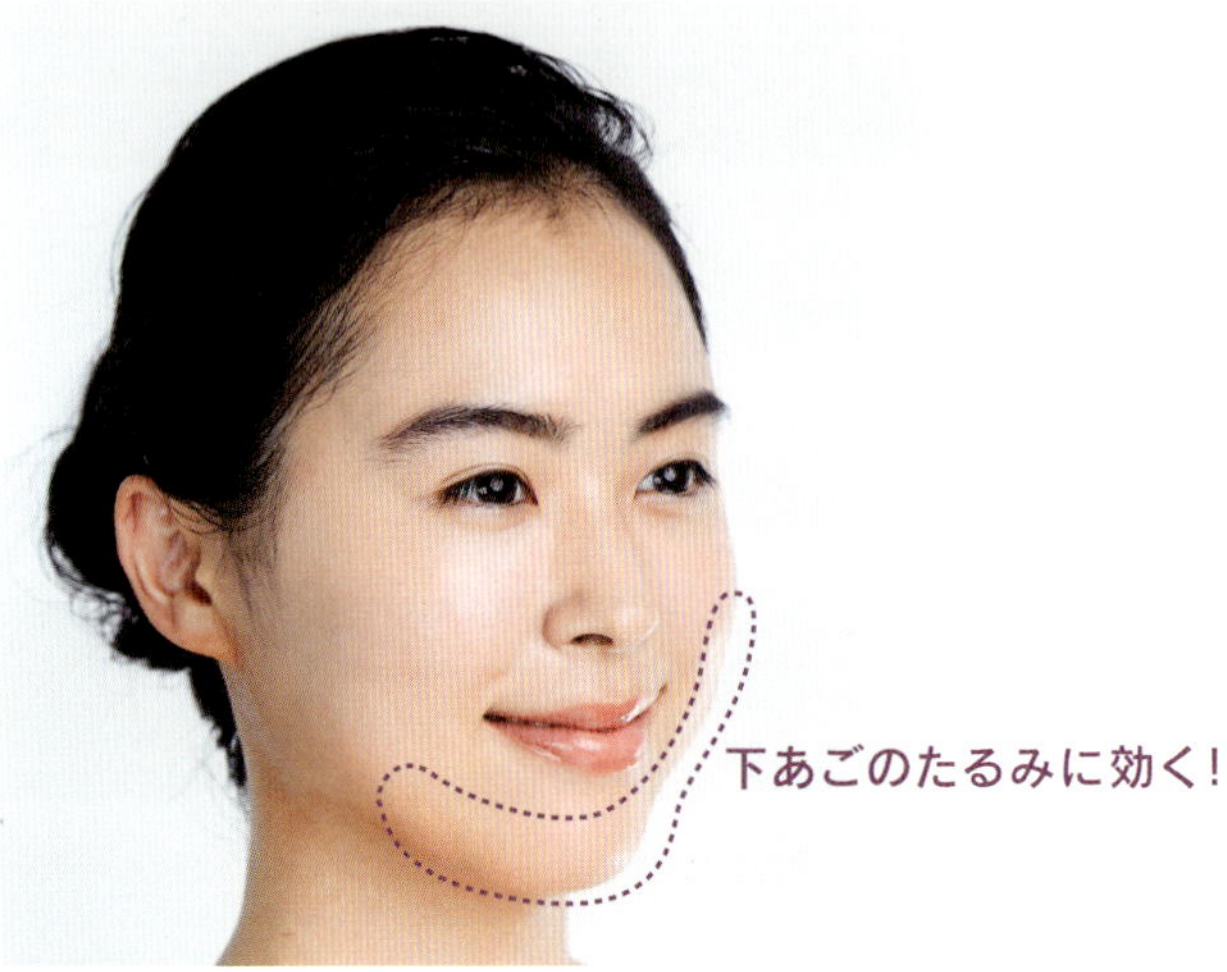

こんな時に!

- 二重あごが気になる
- 下あごがたるんできた

効果

- 下あごのたるみ改善
- 二重あごの解消
- リラックス効果

ここが鍛えられます!

- あごの筋肉・首の筋肉

1

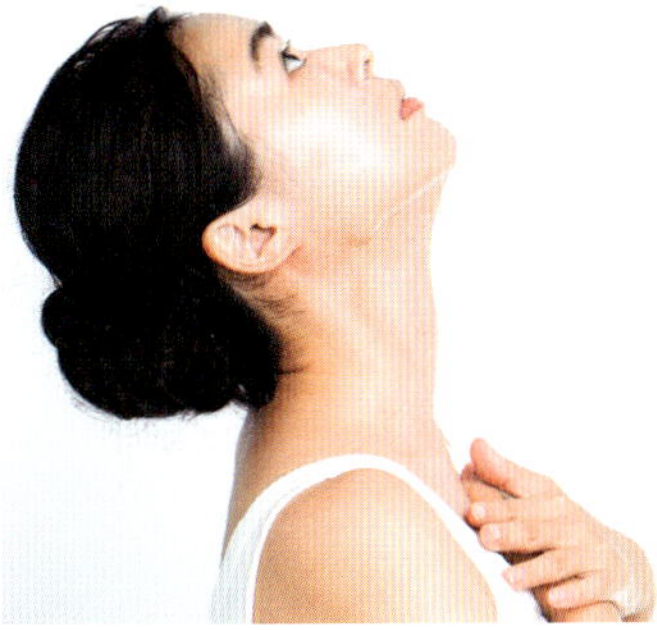

背筋を伸ばして顔を上に向ける

姿勢を整え、胸を張って背筋を伸ばし、顔をゆっくりと上に向け首を伸ばした状態にします。

Point
無理に真上を見なくてもOK。できる範囲で行う

2

下唇を上に突き上げ「ふー」

深呼吸をし、下唇を上に向かって引き上げ、5秒かけて「ふー」と息を吐いて首まわりの筋肉に刺激を与えます。

Point
下唇を思い切り突き出して

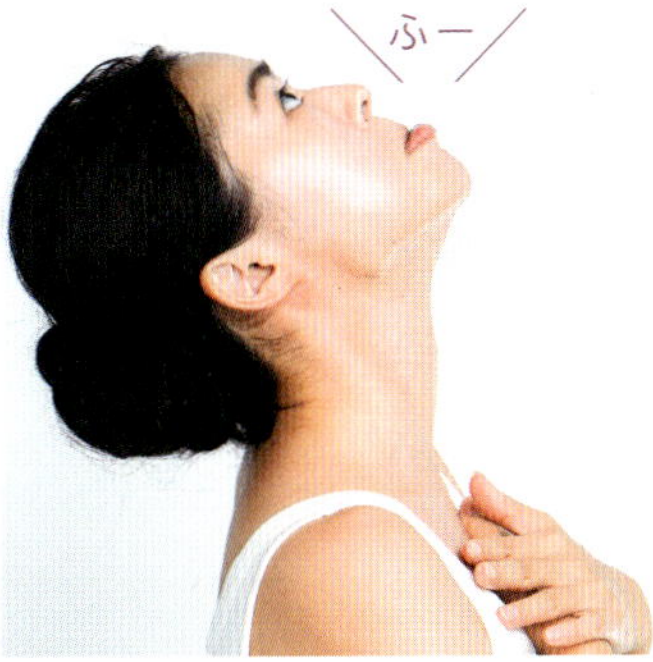

5秒×3回

PRACTICE 5 舌を回すだけで口の中のお掃除にも

舌まわしで口みがき

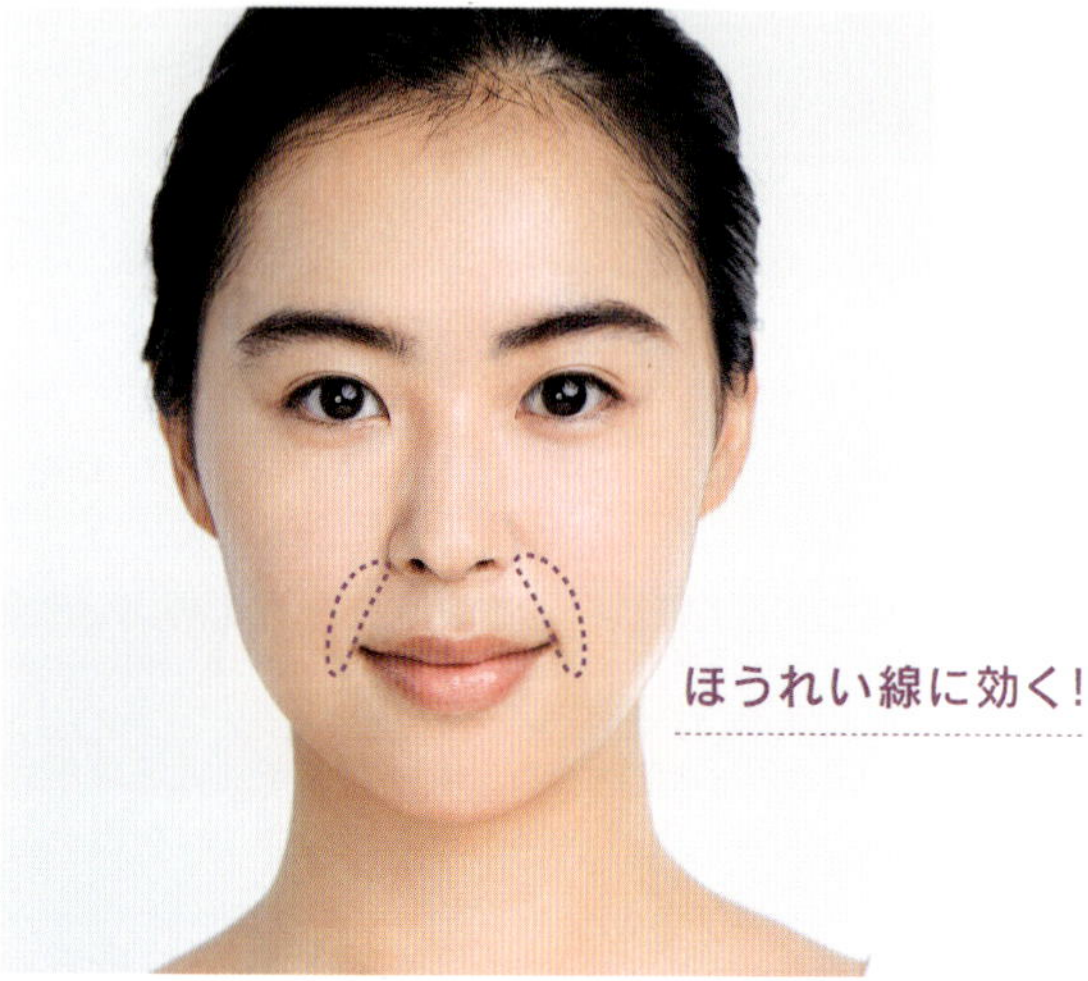

こんな時に!

・フェイスラインがもたついてきたと感じるとき
・食後などだ液を出したいとき

効果

・ほうれい線の改善
・二重あごの改善
・顔のたるみ改善
・舌の下がり改善

ここが鍛えられます!

・顔、首の約70種類の筋肉・舌まわりの筋肉

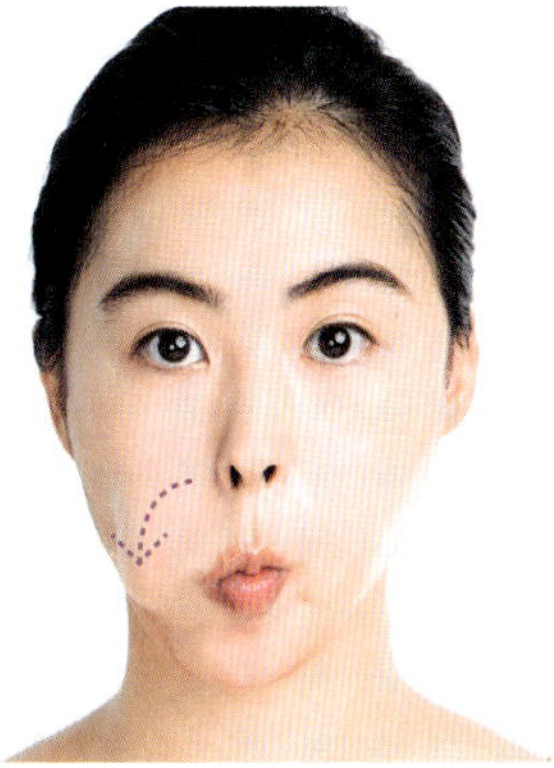

1

歯茎をなぞるように ぐるりと一周

歯茎をなぞるように舌を前歯から口角、下の前歯とぐるりと動かします。口の横部分は頬を押しているイメージで動かすのがコツ。

Point
ゆっくり舌を動かして行う

2

逆方向にも ゆっくりと回して

逆方向も同じように動かします。食後にするとだ液を分泌させて消化を促し、口の中もお掃除できて清潔になります。

Point
舌が届く範囲で しっかり動かす

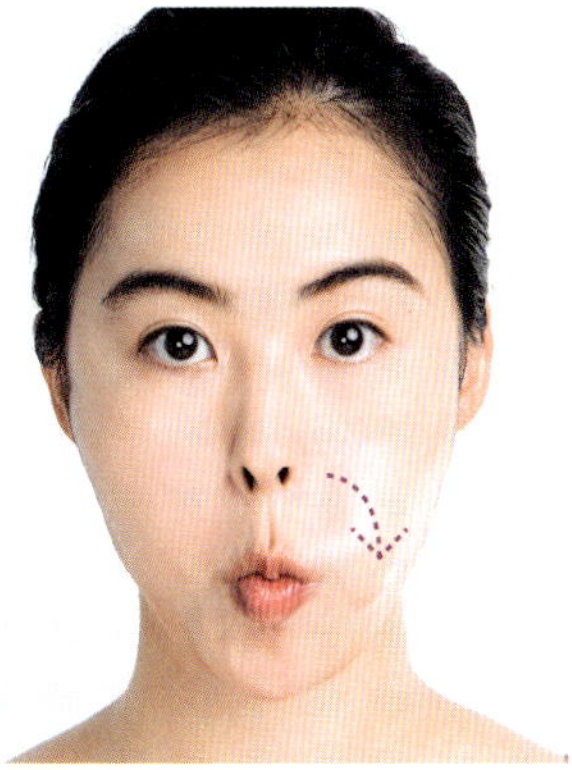

左右各1周

PRACTICE 6 細かな顔の筋肉を
すべて使って表情をつくる

は・に・ふ・え・ろ

こんな時に!

・表情筋をほぐしたいとき
・PC やスマホばかり見た後に

効果

・口角アップ
・滑舌をなめらかに
・口呼吸の改善
・顔のたるみ改善

ここが鍛えられます!

・口のまわりの筋肉・舌のまわりの筋肉

「は」と言いながら口を開ける

「は」と言いながら、口を大きく開けます。

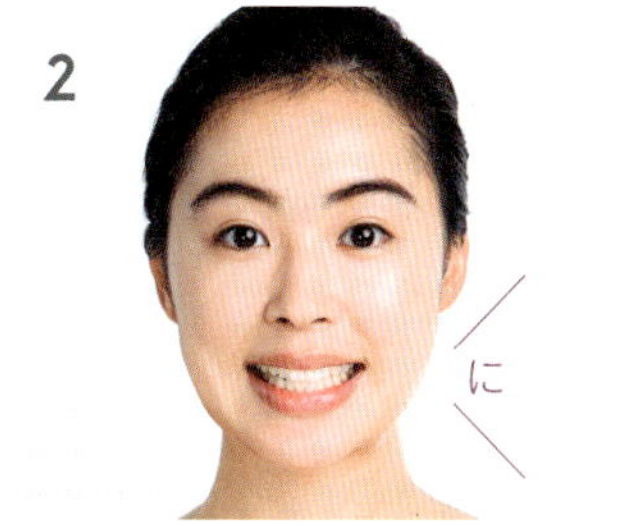

「に」と口を横に開く

「に」と言いながら、これ以上ないくらい口を横に開き口角を上げます。

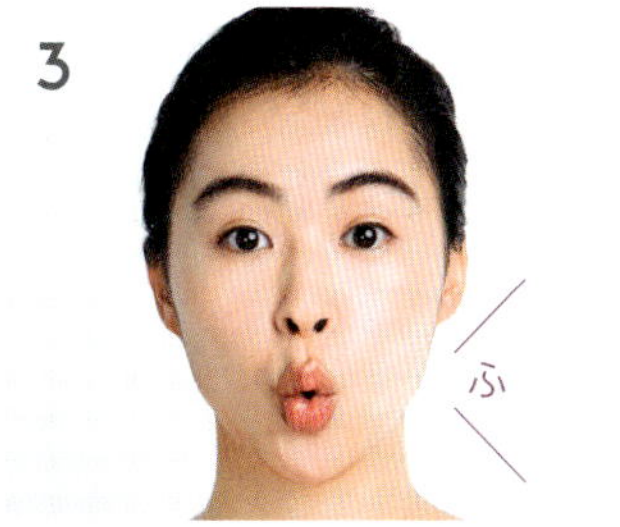

「ふ」は両頬をくっつけるイメージで

両頬をくっつけるイメージで「ふ」と言います。

森進一さんのモノマネで「え」

口角を後ろに動かすように「え」と言います。森進一さんのモノマネをするイメージで言うとやりやすくなります。

巻き舌をするように「ろ」

舌を口の中で丸めるようにして「ろ」と言います。

Point

しっかり声に出して、一音ずつゆっくり行うこと

PRACTICE 7 疲れたときにひっぱれば顔スッキリ

真上耳ひっぱり

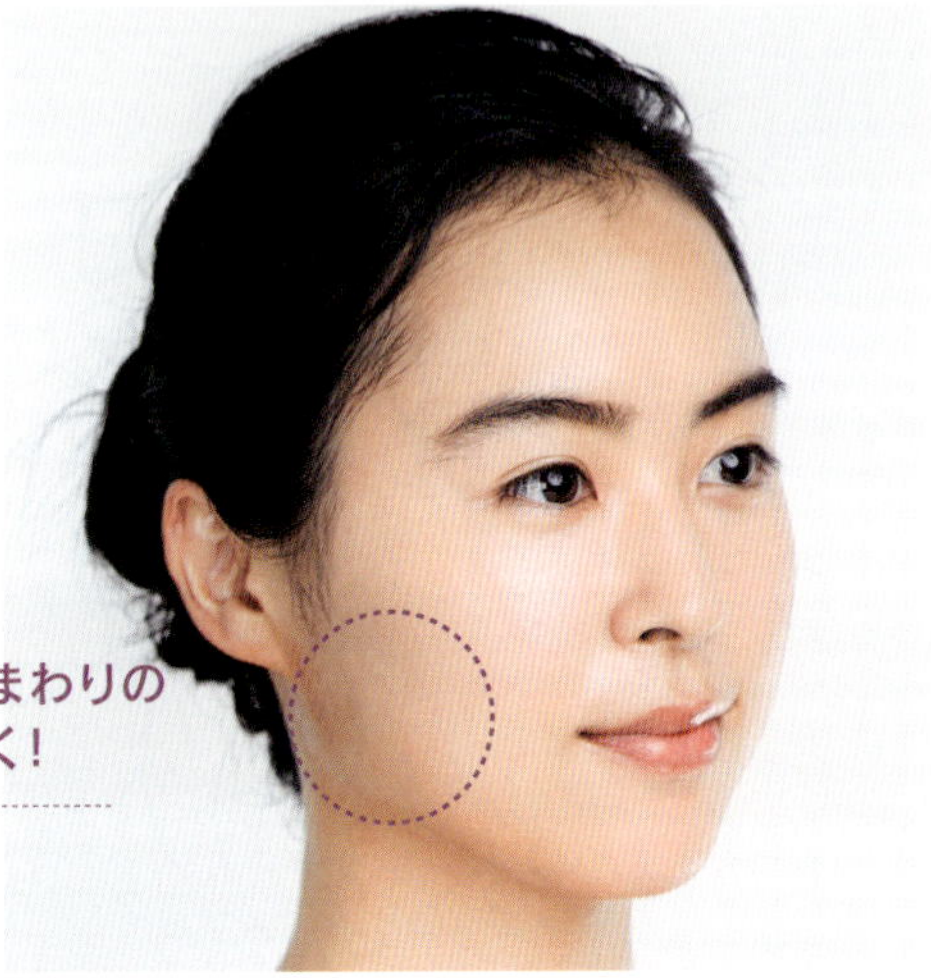

顎関節のまわりの疲れに効く！

こんな時に！

・頭痛や、肩こりしたとき
・歯ぎしりをしているとき

効果

・顎関節まわりのほぐし
・ストレス軽減
・筋肉の緊張緩和
・あごの疲れ解消

ここが鍛えられます！

・あご周辺の筋肉・耳まわりのほぐし

1

両耳の上部を指で持つ

耳の上の少し尖っている部分を指で挟むように持ちます。

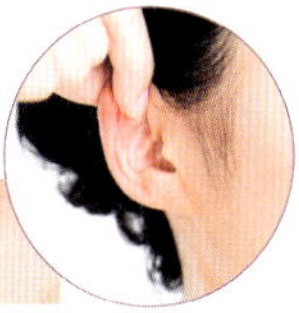

Point
親指と人さし指でしっかりつかんで

2

斜め上に引っ張り上げる

指で持ったまま斜め上に引っ張ります。筋膜が剥がれて緩むので寝る前にするのがオススメ。

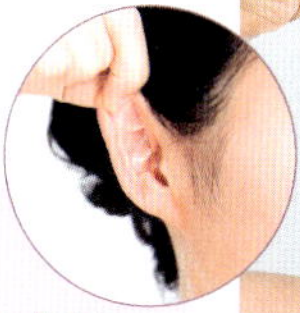

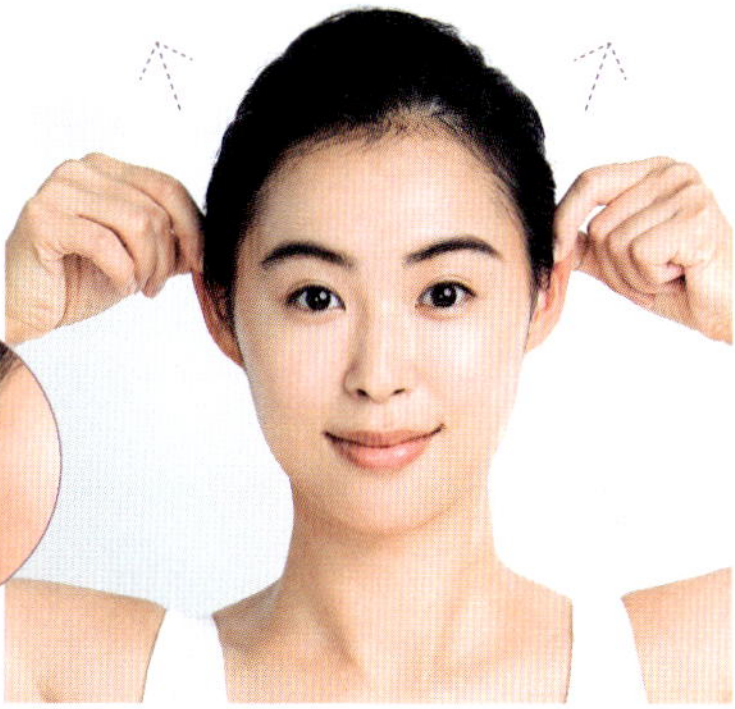

Point
頭蓋骨から離れるように斜め上へ

10秒

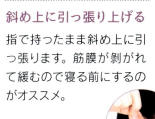

PRACTICE 8 押すだけでだ液が出てくる小まめにプッシュ

美肌耳ツボ刺激

こんな時に！

・疲れたとき
・ストレスを感じたとき
・お肌のハリがないとき
・更年期などの不調を感じたとき

効果

・だ液量アップ
・美肌効果
・リフレッシュ効果

ここが鍛えられます！

・耳下腺への刺激・成長ホルモン「パロチン」の分泌を促進

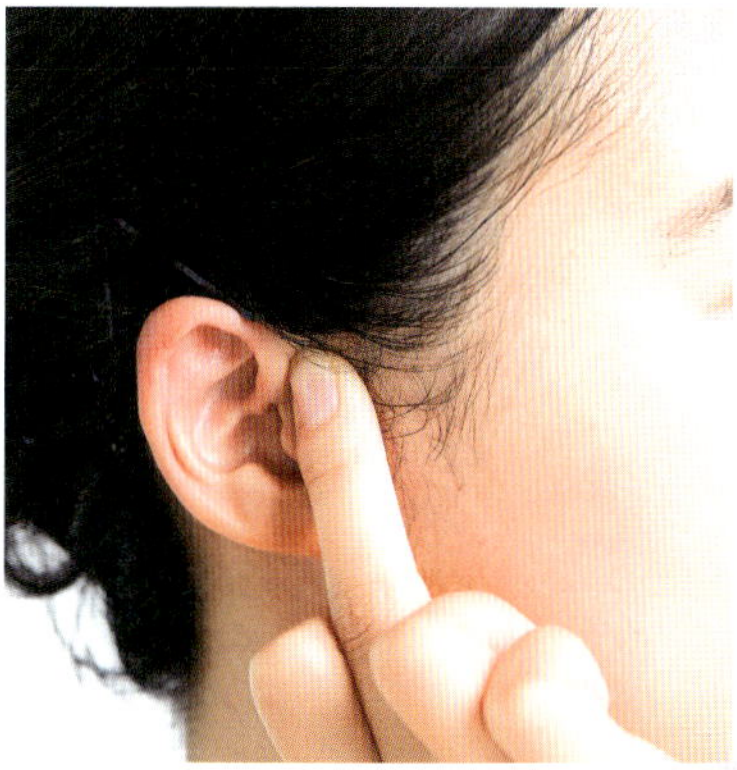

1

耳の前部、少し窪んでいるところを指で探して

骨の出っ張りがある近くに少し窪んでいる箇所があります。人によって場所が違うので探してみましょう。

Point
指の腹で小さなくぼみを探してみて

2

10秒プッシュする

中指でグッとツボを押すと、口の中にじわっとだ液が分泌されます。

Point
「押して→引く」を繰り返して

10秒

PRACTICE 9 ちょっと難しい上級者向け あごまわりの筋トレ!

舌《タン》アップエクササイズ

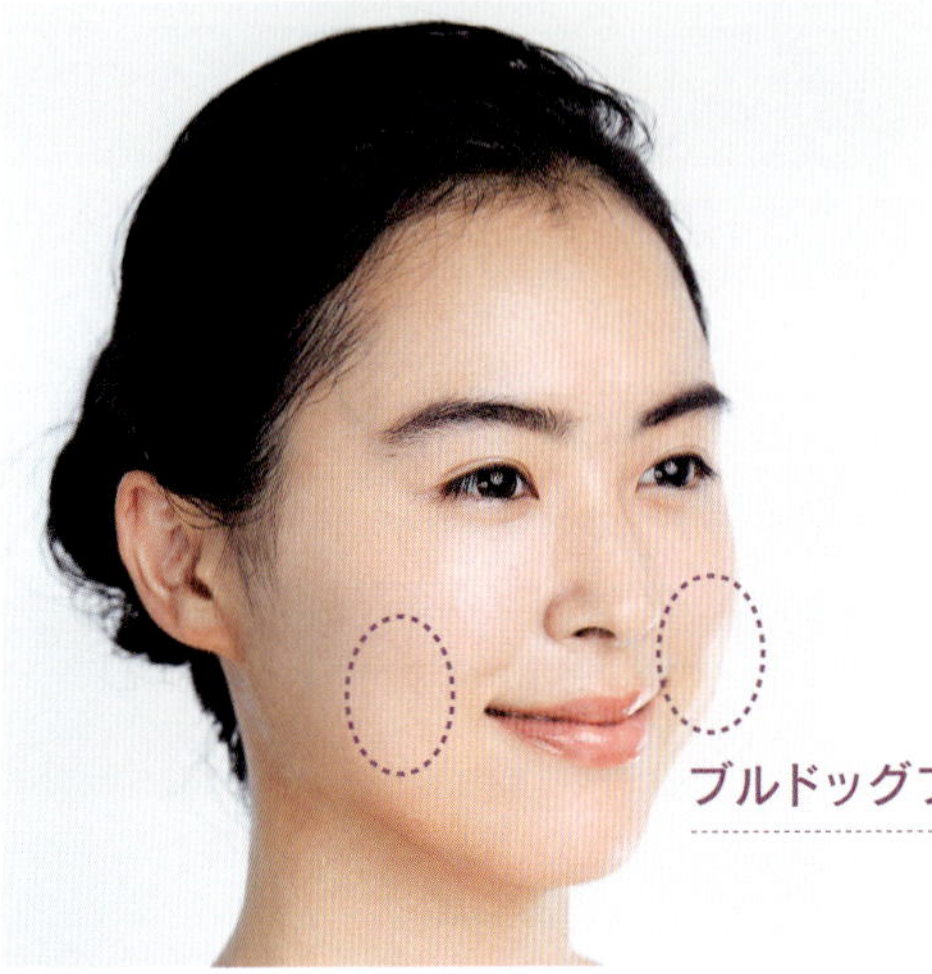

ブルドッグフェイスに効く!

こんな時に!

・顔のむくみが気になる
・頬のたるみやほうれい線が気になる
・滑舌が悪い

効果

・頬のたるみ改善
・二重あご予防
・ほうれい線の改善
・血行不良の改善
・滑舌の改善

ここが鍛えられます!

・舌まわりの筋肉・あご周辺の筋肉

1

舌全体を上あごの裏につけて

前歯の裏に舌全体をぴったりとつけた状態にしておきます。

Point
舌の真ん中くらいまでをくっつける

2

そのまま口を開け閉めする

舌をつけたまま、口の開け閉めを5回します。舌の裏の筋が見えるくらいにあごを動かします。

Point
あごが疲れてくるのを感じるはず

1秒×5回

PRACTICE 10 むくみ・たるみに効く
朝のエクササイズにも

アインシュタインベー

こんな時に！

・顔の下半分が重たく感じる
・たるみが気になる

効果

・朝の顔むくみ解消
・フェイスラインのたるみ改善
・リンパ液の流れ改善

ここが鍛えられます！

・舌まわりの筋肉・首まわりの筋肉

1

下唇に舌がつかないように舌を前に出す

背筋を伸ばして、下唇につかないように舌を思いっきり前に出します。

Point
下ではなく、前に出して

2

舌先を少し上げる

舌を思いっきり出したまま、舌先をくいっと上げて5秒キープ。

Point
朝にすると舌の状態チェックもできて◎

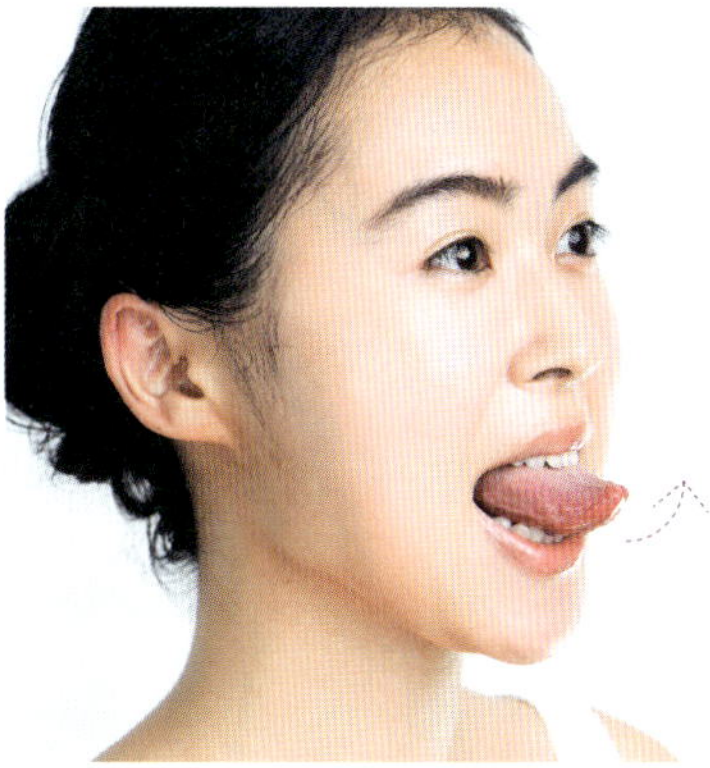

5 秒×10 回

PRACTICE 11 朝起きたときに口の汚れをさっと落とす

すっきり口ゆすぎ

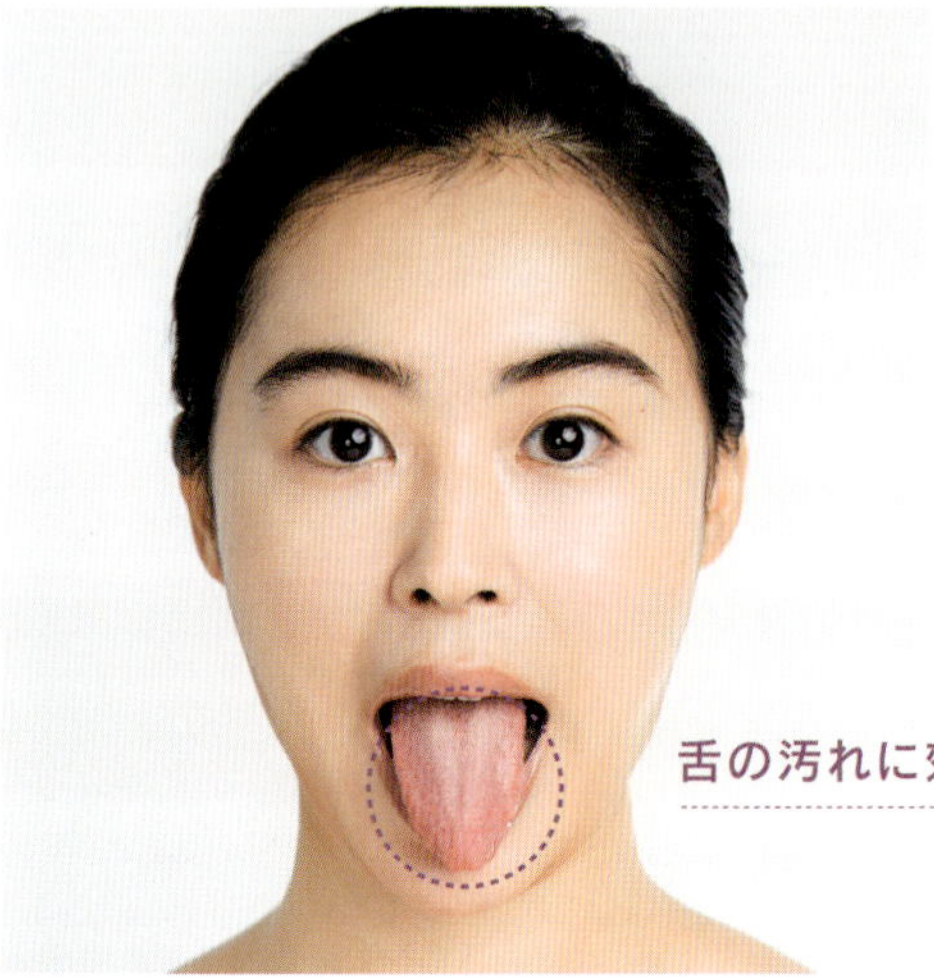

舌の汚れに効く!

こんな時に!
- 朝起きてすぐに
- ランチ後、歯みがきの時間がないとき

効果
- 歯みがき前の大きな汚れがとれる
- エクササイズがわりになる

ここが鍛えられます!
- 口まわりの筋肉

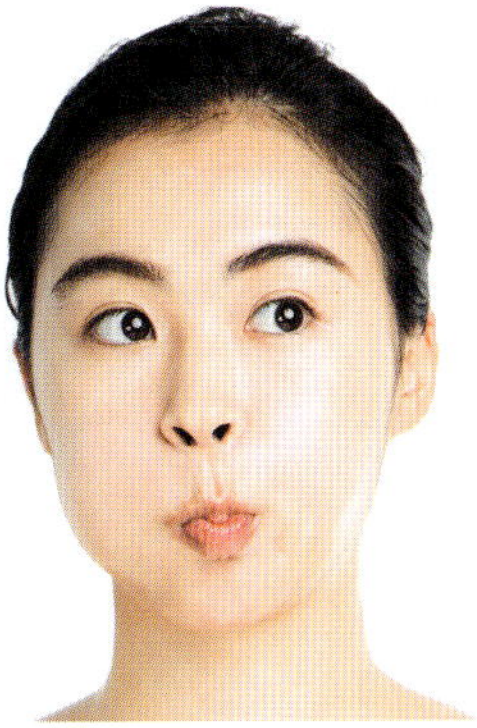

水の量は約20ml

1

キャップ1杯くらいのぬるま湯を口に含ませる

少量のぬるま湯で口の中を回すように10秒ゆすぎます。

Point
水の量は少なめに

2

ジュクジュクと音が出るくらい回して

ドラム洗濯機のように、口の中で20秒回します。シャンプー前の予洗と同じくその後の歯みがき効果もUPします。

Point
口の中全体に水を回して

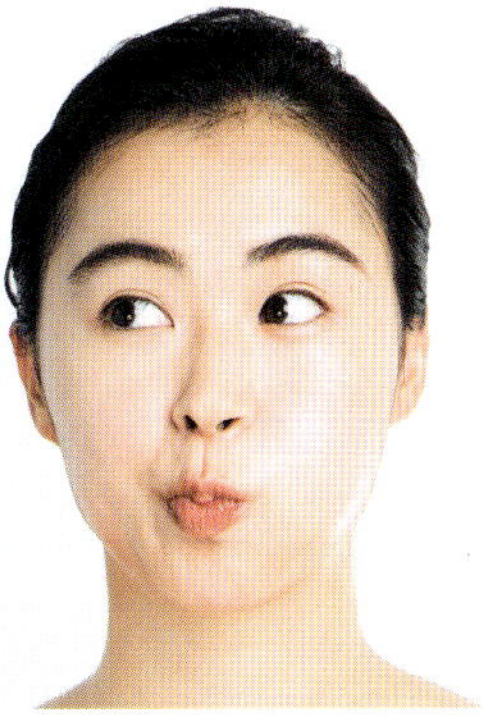

全 30 秒×1 回

PRACTICE 12 あごの下のリンパがすっきり流れていく

チョキあご挟み

リンパの流れ改善に効く!

こんな時に!

・フェイスラインを
　スッキリさせたいとき
・だ液を分泌させたいとき

効果

・フェイスラインにあるだ液が
　出るツボが刺激される
・リフトアップ効果

1

人さし指と中指を軽く曲げてフェイスラインを挟む

右手で顔の左側、左手で顔の右側を挟む。クリームをつけて滑りを良くすると引き上げやすい。

Point
指を折り曲げて
あごの肉をつかんで

2

あご先から耳下まで滑らせる

あご先からフェイスラインの骨を挟むようにして、ぐいっと耳下まで左右6回引き上げます。

Point
仕事中など気づいたときに
いつでもマッサージして

左右各６回

PRACTICE 13 うつむき姿勢から
ちょっと目線を上げて

15秒目線上げ

姿勢改善で老化防止に効く！

こんな時に！

・電車の中で
スマホを見ているとき
・パソコン作業で疲れたとき

効果

・だ液の分泌促進
・顔のたるみ防止
・血流改善

ここが鍛えられます！

・圧迫された首の筋肉を緩める・眼輪筋をリラックス

1

スマホたるみの悪姿勢

スマホを見ているときは、猫背で首が前に出ている状態。口角も下がって全体的にたるんだ印象になりがちに。

Point
長時間のこの姿勢はNG

2

目線を水平に上げるだけ

5分に1回は目線を床と水平になるまで上げて15秒キープ。だ液も出て血流もよくなります。

Point
遠くを見るような視線で

15 秒 × 1 回

PRACTICE **14** 口角がアップし、
顔のトーンがアップする

顔が明るくなるうぶ毛そり

口角アップに効く！

使うアイテム

・カミソリ
・顔用クリーム

効果

・口もとが明るく見える
・口角が上がって見える

Pretty フェイス L ／貝印
¥300（税抜）

1

手で肌を軽く押さえ、シェーバーを当てて剃る

指をチョキの形にして肌を軽く押さえるとシェーバーやカミソリが当てやすい。

Point
カミソリは刃が傷んでいないものを用意

2

気がつきにくい口角下のうぶ毛も剃って

毛は下に向かって生えているので肌を暗く、下がって見せてしまいます。口角や下唇の下もきちんと剃って。

Point
下唇の下は忘れやすい箇所

PRACTICE **15** 口もとを美人バランスに

キューピッドボウを描く

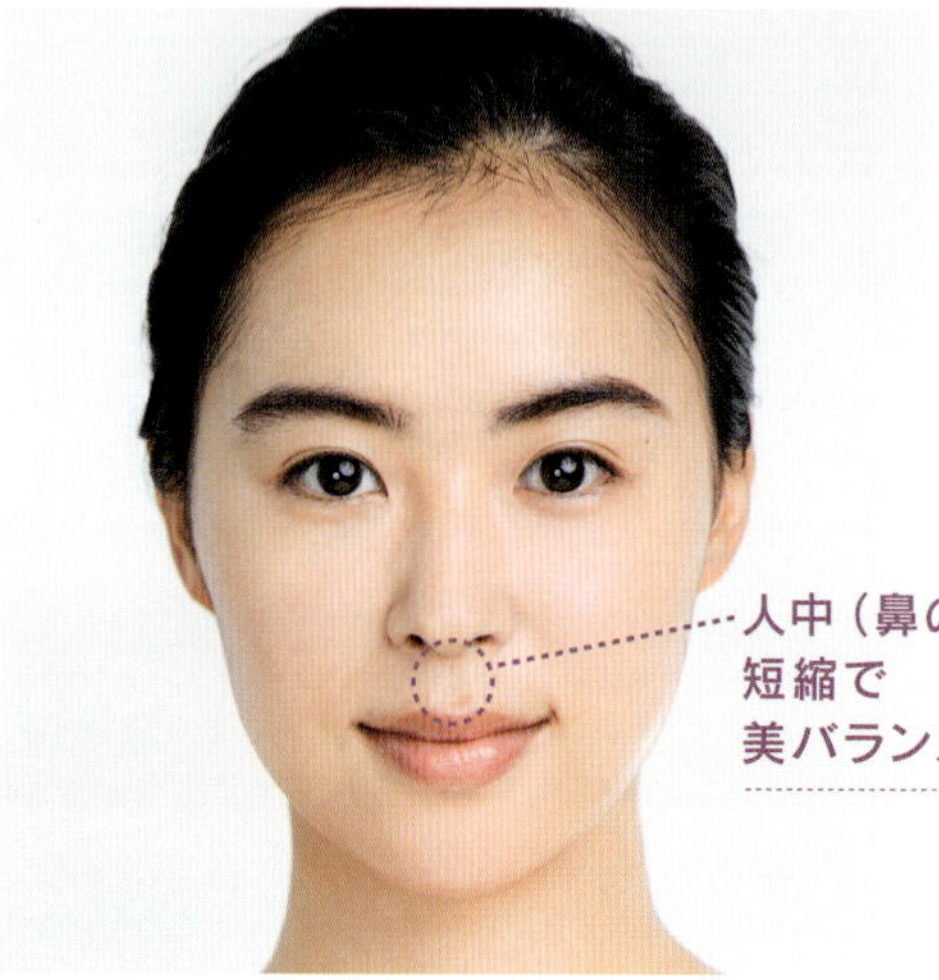

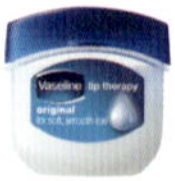

ヴァセリン リップ オリジナル
ユニリーバ
オープン価格

オールグッド リップバーム（CO）
アリエルトレーディング
¥860（税抜）

使うアイテムの順番

①リップクリーム
②リップライナー
③グロス

カラーリングクレヨン 02
ルナソル／カネボウ化粧品
¥3000（税抜）

効果

・唇がふっくらとして見える
・小顔効果
・若返り効果
・キチンと感が出る

カラークレヨン 02
RMK
¥2200（税抜）

ペタル エッセンスグロス 04
トーン
¥2,500（税抜）

1

上唇の山の輪郭をオーバー気味に描く

リップクリームまたはヴァセリンで唇を保湿し、リップライナーで唇の輪郭をとります。実際のリップラインより少しオーバー気味に上唇の山を描くようにして。

Point

P99 の形も参考にして形をつくる

2

下唇もちょっとはみ出るくらいに描く

上唇に合わせて、下唇も少しオーバーに輪郭をとります。あとはグロスを塗るだけでキチンと感も出てふっくらした口もとに。

Point

リップの色は P153 も参考に

Lesson 2

美しさも
可愛さも
健康も
口もとが９割！

「あの人キレイだな」「可愛いな」と思うとき、あなたはどの部分を見ているでしょうか？　実は美しさや可愛さの印象を決めるのに、口もとは重要な役割を果たしています。さらに、健康にも大いに関係が！　まずは今日からできる、美しい口もとのつくり方をご紹介します。

Beauty Theory

口を動かしているか どうかが "全身の老化"のカギを 握っている

「私、おしゃべりだから大丈夫」「硬いものも食べているし」……そんなふうに思っている人はたくさんいます。しかし、それだけでは美しい口もとはつくれません。

Check 01

口をしっかり動かしている女性は美しい

ＬＥＳＳＯＮ１で口もとのエクササイズを紹介してきました。口もとは筋肉で構成されていますから、その筋肉を鍛えておくことはとても重要なことです。

若々しく、明るい健康的な顔でいるためには、口もとがカギになります。頬がしっかり上がって、目もハッキリしていて、口角がキュッと上がった表情はとても素敵ですよね。

しかし現代は、ファストフードなどで食事が簡単になり、さらにスマホの活用による会話不足など、口を動かす機会が減っています。顔まわりの筋肉が衰えると、噛む力が低下し、口角が下がり、ほうれい線が目立ち、あごがたるむといった老けた印象になるのです。

いつまでも健康で美しくありたい。そのための栄養分を身体の隅々にまで行き渡らせるには、身体が喜ぶものを食べて、きちんと噛むことが必要です。しっかり噛める食材やおやつを選ぶなど、「口を動かすこと」に注目してほしいのです。

美しさと可愛さと健康をつくるのは「口もと」。私はそのように考えています。

また、口を動かすことで、美しい口もとを保つために大切なだ液が分泌されます。だ液は「汚い」「不衛生」といったイメージにとらえられがちですが、実際は身体を守る上で、とても大切な役割を果たしています。

歯のツヤを保ち、口の中の雑菌を洗い流してくれるデンタルリンスのような役割も。だ液が出なくなることは、口臭や歯周病、さらには歯の色素沈着の原因となってしまうのです。噛む回数が減ると、だ液の量が減ってしまいます。

しっかり食事をとり、楽しく会話をして、明るく笑顔でいること。これらが美しい口もと、そして美人をつくる大切な要素といえるでしょう。

口もとが気になる人は、笑うときについ、手で口もとを隠していませんか？　せっかくの表情を隠してはもったいないです。歯の白さももちろんですが、表情ひとつひとつがあなたを美しくしてくれます。口をしっかり動かす意識をして、素敵な表情を見せられる「口もと美人」を目指しましょう。

Beauty Theory

口もとケアで人生は変わる。あなたは何もしないまま？

口もとの不調は身体や心の不調の原因になり、自分にも笑顔にも自信が持てなくなってしまいます。口もとへの意識を変えて、人生を好転させるカギをつかみましょう。

Check 02

私たちの表情を印象づけるのは口もと

口角が左右均等にキュッと上がっている口もとは、若々しく好感度が高く前向きな印象に見えます。

自分では、思い切り笑顔をつくったつもりでも、への字の口角では老け顔や寂しい印象が残ってしまいます。

口もとは意外に心の中を映し出します。例えば、前歯が欠けていたり、歯周病の悩みがあったり、口もとの不調を抱え込むと、笑顔に光を呼び込めなくなり、不機嫌そうな口もとになってしまうのです。

不機嫌そうな口もとだと、セロトニンなどのハッピーホルモンを吸収できませんし、口もとの不調は身体や心の不調のもとになってしまいます。

歯の色を明るくしたり、歯周病を回復させるように通院したり、欠けた歯の治療をするだけで気持ちが前向きに変化して、笑顔がきらめきを取り戻し始めます。不調の連鎖はさっさと断ち切りましょう。

きらめいた笑顔からはハッピーホルモンの分泌がどんどん増えて、身体にみずみずしい若さが甦ります。口もとの不調だけでなく、身体にいつもと違う変化や不調を感じたらすぐに対応していきましょう。早めの対処が、愛される口もとをつくり、私たちの生活をより明るく楽しいものにしてくれるのです。

Check 03

愛されるのは どんな口もとなのか

男女を問わず、人の第一印象を決めるのは〝見た目が9割〟だと言われています。中でも「清潔感がある」「だらしない感じがする」といった印象には、口もとが大きく影響しているのです。

口もとがへの字になっていたり、いつも口が閉まらずぽかんと開いていたり、歯の色が黄ばんでいたり、口臭がひどかったり……。口もとに気をつけないと、知らず知らずのうちに彼や友達からNGな印象を持たれてしまっているかもしれません。

では、愛される口もとってどんな口もとなのでしょうか？

キュッと引き上げられた美しい口角と白い歯、ぷるんと潤った唇。こんな口もとの女性は、つくりこまれた擬似的な美しさではなく、ナチュラルな美しさを感じさせます。

テレビでよく見かける女子アナの口もとに注目してみると、愛される好感度の高い口もとの人が多いことに気づきませんか？彼女たちは視聴者から愛される口もとのために、日夜努力をしてケアを怠ることがありません。

口もとをキレイにすることで、肌にも清潔感が生まれ、メイクもさらに際立つのです。これこそ、私たちが目指したい愛される口もとといえます。

Check 04

人生を変えるために口もとへの意識を変える

今まで自分の印象を良くするために、メイクやファッション、ヘアスタイルには気を使っていたけれど、口もとは二の次と考えていたという人は多いのではないでしょうか。

口もとの印象を良くすることは、その人の人生を大きく変えることにつながっていくと私はつねづね思っています。

例えば、クリニックに通っているある女優さん。歯並びを整えてホワイトニングで白くしたら、映画やCMで大ブレークしました。また、歯の色をキレイにして、噛み合わせを治療した俳優さんは、ＣＭの仕事が次々と入り売れっ子に。さらには、歯を白くしたとたんに彼ができて結婚された人もいらっしゃいます。

歯を白く、歯並びを美しくすることで、口もとはもちろん顔全体が引き上がり、若々しく明るい印象に変わります。みなさん、口もとをキレイにしたことで自信がつき運気が上がり、人生が好転していったのです。

そして、ずっと第一線で売れ続けている人こそ、健康に気を使う以上に口もとのケアに気を使い続け、維持しています。

これまで口もとのケアは後回しにしていたという人は、非常にもったいないのです。人生を好転させたいのなら今すぐに、口もとへの意識を変えていきましょう。

Beauty Theory

滑舌がいいこと、だ液がしっかり出ること。それが美容の最重要課題

美しい口もとの秘訣は、だ液を出すことです。だ液の中でも、サラサラな「美だ液」を出すことがポイント！　また、「舌骨筋」が滑舌の悪さや顔のたるみにもつながるのでエクササイズでキープしましょう。

Check 05

滑舌の良さが口もとの若々しさをつくる秘訣

話すときに滑舌が悪くて「ねちゃねちゃ」と音がする人がいます。このねばりつくような音は、老けを感じさせる音。見た目は若くても、話しているときにこの音が聞こえると年齢がずいぶん上に感じてしまいます。ねちゃねちゃ音は、だ液の量が減り口の中が乾燥することが原因です。

口の中心部分である舌の位置は、舌先から根元まで上あごについているのがベストな状態です（P73参照）。この位置が下がってくると滑舌が悪くなり、顔のたるみにもつながってしまいます。

滑舌には、のどぼとけの指1本分上あたりにある骨を支えている「舌骨筋《ぜっこつきん》」がちゃんと鍛えられている必要があります。「舌骨筋」が衰えると舌骨の位置が下がり、咀嚼する力や物を飲み込む力が弱くなってしまい、将来、誤嚥《ごえん》性肺炎などになりやすくなってしまいます。

また、最近は小顔がもてはやされていますが、小顔の人はあごが小さく、舌があごに収まりにくくなります。ですから、舌やあごの力も弱くなる傾向があり、二重あごになりやすいのです。

歌手の松田聖子さんは「らりるれろ」の言い方がとても独特です。舌をよく動かし、連動させて発声することで、彼女の若々しい口もとにつながっているのだと思います。

Check 06

エクササイズを実践して滑舌美人になる

「舌骨筋」を鍛えるにはP32の「舌《タン》アップエクササイズ」がオススメです。舌の根元から舌先までを上あごにつけたまま、口を開けたり閉じたりを5回繰り返します。

これはまさにインナーマッスルである「舌骨筋」を刺激する働きがあるエクササイズです。普段使わない部分をストレッチするので最初は少々難しいのですが、このエクササイズをすることで舌骨筋に連動して舌の動きがよくなり、血流もアップして、顔のたるみを防いでくれます。

通常、舌は上あごに収められて歯にはつかない状態ですが、人によっては舌の位置が下がってしまって、ずっと歯に舌を押しつけた状態になっていることがあります。そうすると、歯並びが悪くなり、口まわりの筋肉はゆるみ、滑舌の悪さにつながります。

舌を正常な位置に戻し、鍛えるにはP24の「舌まわしで口みがき」がオススメです。方法はとても簡単です。舌を上下の歯の表面を滑らせるようにグルグルと回すだけ。難しければ、歯茎全体を舌で左右行ったり来たりするだけでも十分です。

まじめに行うと意外と疲れて、普段、舌を動かしていないことに気がつきます。

舌の動きが刺激となってだ液がたくさん分泌され、口もとまわりを整えてフェイスラインを引き上げる効果もあります。

Check 07

いつでもどこでも若返りホルモンのツボをプッシュ

耳のまわりにはたくさんのリンパ節やツボがあります。すぐにできるので、ちょっとした空き時間を使ってほぐしてみましょう。

例えば、耳の付け根部分にある耳下腺《じかせん》には、「若返りホルモン」と呼ばれるパロチンという成長ホルモンが出るツボがあります。軽く指で押すだけでニオイのない美肌に導く酸素を含んだサラサラしただ液（通称・美だ液）が分泌されます。

最近では歯ぎしりやいびきをかく女性が増えていますが、これは昼間のストレスや下向きで使う長時間のスマホが原因で、顎関節の部分に疲労が溜《た》まりやすくなってしまうことも一因です。

解消するためには、両耳の上を指でつまんで引っ張り上げてみてください（詳しくはＰ28参照）。最後は耳を包むように挟んでキュッと押さえ込むことで、緊張を緩めてほぐす効果があります。

ストレスを感じたときや、パソコンやスマホを長時間使っているときは、時々画面から目を離してツボを押し、リラックスしましょう。

また、同時に好きなアロマの香りを嗅《か》ぎながらのマッサージもリラックス効果が高まるのでオススメです。空き時間にさっと耳ツボを刺激して、効率よく口もと美人を目指しましょう（詳しくはＰ30参照）。

Beauty Theory

口もと美人になるための基礎知識を押さえる

顔の7割が口まわりの筋肉とつながっているので、口もとが美しくないと、美人にはなれません。無意識にやってしまう口もとのクセや、下向きスマホ。日常のクセを改善して、口もと美人を目指しましょう。

Check 08

美しい口もとのために やってはいけないNMK

何げなく日常的にしてしまう唇のクセありませんか？ 美しい唇をキープするために絶対してはいけないルールが3つあります。

それは、「1.唇はなめない（N）、2.唇は剥《む》かない（M）、3.唇はこすらない（K）」。

これを私は「NMKの法則」と呼んでいます。唇は顔の中でも皮膚と同じように扱いがちですが、皮膚と違って汗腺や油膜がありません。とてもデリケートな粘膜の一部なのです。ついついなめたり、ティッシュペーパーやタオルでゴシゴシ擦《こす》ってしまったりすると、唇の乾燥がどんどん進み、バリア機能が低下して口唇炎《こうしんえん》になったり手の雑菌がついて炎症を起こしてしまったりすることがあります。唇を拭くときは少し水をつけてしめらせたコットンなどでそっと押さえるようにしましょう。唇はそれくらいデリケートなものとして扱わなくてはいけない場所なのです。

また、口もとを隠すためにマスクを日常的にしている人をよく見かけます。マスクをすると会話量が減り、口もとの筋肉の運動量が圧倒的に落ちてしまい、そうなると口もとは下がり、ほうれい線ができたりと顔のたるみにつながります。

NMKの法則に加えて、マスク女にならないことも、美しい口もとのためには大切です。

Check 09

美しい口もとは美しい目もとをつくる

筋肉というと、手や脚、腹筋など身体の筋肉を想像しがちですが、顔も筋肉でできています。私たちの目や口は顔の表情筋によって支えられているのです。

顔は32種類の表情筋で構成され、そのうち約7割が口もとの筋肉なのです。中でも口まわりの筋肉「口輪筋《こうりんきん》」は、すべての表情筋とつながっているので、この筋肉を鍛えることで顔全体がハリのある若々しい印象になります。反対に、口角が下がると、目もとや頬も下に引っ張られて下がってしまうということです。

口の筋肉は使わないとどんどん衰えていきます。最近巷《ちまた》で耳にするのが「スマホたるみ」。電車の中でもほとんどの人がスマホを見ています。会話をしなくてもコミュニケーションが完結し、1日会話しなかったなんてことも……。実は、これが一番の問題なんです。会話をしないことで顔や口もとの運動量が減ると、口角下制筋や頬骨《きょうこつ》筋の働きが弱くなり、口もとがへの字にたるんでしまい、本格的な顔のたるみを引き寄せてしまうのです。

スマホばかり見てると気がついたら、口輪筋に刺激を与える「ぴよぴよぷーエクササイズ」（P16）でたるみを予防しましょう。スマホなどの便利なツールは、たるみを引き寄せない対策を取りながら、うまく使っていきましょう。

Beauty Theory

むくむのは脚だけじゃない！顔のむくみは口もとに関わる

顔がむくんでいると、メイクもイマイチで、テンションが下がります。印象を大きく変えてしまう「顔のむくみ」は、実は舌が重要なポイント。舌を正しいポジションにセットして、顔のむくみから解放されましょう。

Check 10

その舌、落ちていませんか。スタンダードポジションにセット

舌の正しい位置は、口を閉じたときに上あごに収められていて、舌の先が前歯の裏側にきちんと収納されている状態です。この位置に収まっていると、口呼吸や口臭といった口もとの不調も出にくくなります。

同時に、舌が正しい位置にあると、舌の真ん中にある舌苔《ぜったい》（舌の苔）の溜まりやすい場所が、口蓋《こうがい》という上あごの粘膜に触れるためナチュラルにお掃除もできます。顔もたるみにくくなります

し、鼻呼吸ができるので、風邪やインフルエンザの予防にもなります。
舌の位置が下に落ちていたり、歯に舌を押しつけている状態は、口呼吸や鼻炎だったり、生活の中で舌がちゃんと動いていないなどの原因があるかもしれません。
そんな人は、舌の位置を正しい場所に戻す「レロレロエクササイズ」（P18）がオススメ。口中のバランスも良くなり、フェイスラインのたるみ予防にもなります。

正しいポジション

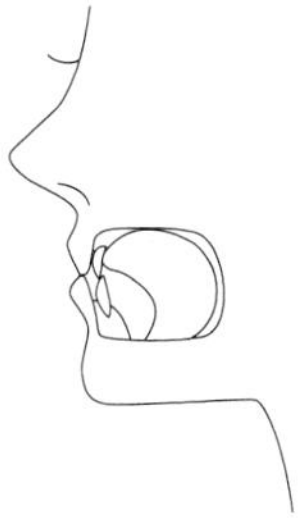

舌の先が前歯の裏側に収まっている。

間違ったポジション

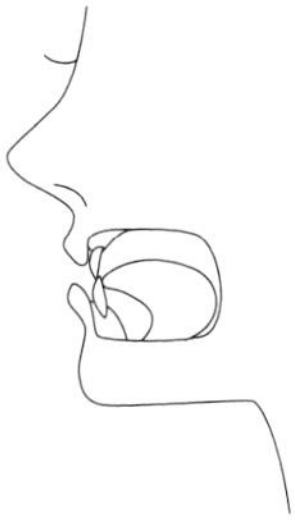

下の歯に舌を押しつけているような状態。

Check 11

舌みがきには綿棒を。色素汚れにも使えるアイテム

舌の汚れが気になるとき、歯を磨いた歯ブラシでそのまま舌をゴシゴシ擦《こす》っていませんか？

舌は内臓の鏡であり、粘膜です。とてもデリケートで傷つきやすい部分なので、硬い歯を磨く歯ブラシと同じもので擦ってしまうと傷めてしまいます。

舌が正しい位置にポジショニングできていれば自分の舌で自然にお掃除できるのですが、汚れが気になるときは綿棒が活躍しま

す。綿棒を水で濡らして、舌の表面を3〜4回軽く擦ればOK。くれぐれも力は入れないでください。デリケートな舌にもやさしい使い心地で、掃除後すぐに捨てられて衛生的なのが綿棒の良いところです。

さらに綿棒は、紅茶や赤ワインなど飲んだ後、歯の表面についたステイン汚れをキュッと落としてくれます。

歯のエナメル質は表面が波打っていたり、くぼみがあるので色素汚れが溜まりやすいのですが、歯ブラシで磨いた後に綿棒でキュッと擦るだけで、色素汚れをすっきり落としてくれます。その日の汚れはその日のうちにオフすることを意識して、持ち越すことなくキレイを保ちましょう。ちなみに私は個包装になっている綿棒を化粧ポーチに必ず入れて、歯の着色汚れに毎日使っています。

Beauty Theory

硬いものを
食べればいい？
いいえ、選ぶのは
弾力のあるものです

硬いものは意外と噛む回数が増えません。選ぶなら噛み応えのある食べ物にして、たくさんだ液を出しましょう。私のオススメNo.1は納豆です。

Check 12

噛むことによる7つの効果「噛みセブン」が私たちを変える

噛むことは身体にいいことばかりで、主に次のような効果があります。食べ物を口に入れたら最低20回は噛みましょう。
効果1．美だ液が出る
中和性のよいサラサラのだ液が出て、口臭予防にもなります。
効果2．メタボ予防
満腹中枢を刺激して満腹感を感じやすくなります。また、血糖値の急降下の防止にも。

効果3・脳の血流UP
海馬の前頭葉を活性化させて記憶力UP。ボケ防止に効果的です。

効果4・集中力UP
イライラ防止とともに、緊張をやわらげ集中力UP。

効果5・リラックス効果
リズムよく噛むことで副交感神経が刺激され、ハッピーホルモンのセロトニンが分泌されます。効果的な睡眠もサポートします。

効果6・肩こり・疲労回復
血流がよくなります。噛まずに早食いしているときは肩がこり、胃も疲労しやすくなります。

効果7・小顔効果
口筋をよく使うことでバランスがとれ、引き締まります。

Check 13

食べるなら、硬い食べ物より弾力のある食べ物を

私たちにとっていいことだらけの「噛むこと」ですが、噛む回数を増やすためにはどんな食べ物を選んだらよいのでしょうか。硬い食べ物ならたくさん噛むからいいのでは？　と思いがちですが、実はサクサクと思っていたより噛まずに食べてしまいます。

私がよく作る料理は、雑穀米にゴマをプラスしたものや、サラダにアーモンドやドライナッツを砕いて入れたもの。ちょっと歯ごたえのあるものを入れる工夫だけで噛む回数は増えて、よく噛む

メニューができあがります。

パンよりはお米を選び、おにぎりにすると噛む回数が増えます。

さらに、硬いものより弾力性のある食べ物を選びましょう。タコ、しめじやえのきなどのキノコ類、干し芋も弾力性があります。

私のオススメは大粒の納豆です。納豆は噛むことで「ポリグルタミン酸」がだ液の分泌を促進します。また、カルシウムやミネラルの吸収をよくし、骨粗しょう症の予防、歯周病のリスクが低くなり、女性にとってはいいことずくめの食べ物です。

よく買うのがナチュラルハウスのアプリコット。しっかり噛む必要があるので食べごたえたっぷりで味もとってもおいしいです。肉なら、サーロインなどの脂身の多い肉ではなく赤味の肉の方が噛む回数が増えます。砂肝も噛みごたえがあるし、鉄分もたっぷりなのでオススメです。

Beauty Theory

あなたが好きな食べ物は老化を加速させるかもしれない

口当たりのよい食べ物ばかりを選ぶのはNG。口のことを思うなら、コーヒー・緑茶・紅茶より水をチョイスして。口に入れるものによって、若返るか老化するかの分かれ道になります。

Check 14

口当たりのよい食べ物が口もとをダメにする

顔の筋肉は口まわりの筋肉に大きく関わっています。この筋肉が衰えるとフェイスラインが緩み、老化した印象になります。

顔の筋肉を鍛えるために誰にでもできることは「噛む」ことです。噛めば噛むほど鍛えられて、口もとが引き締まり、顔全体がリフトアップするのです。

そして、噛むことでだ液が増えます。サラサラのだ液は成長ホルモンが含まれていて、肌のハリや血色など見た目を若々しく保つ効果があります。このだ液を増やすためにはよく噛むことが大切です。

しかし、私たち日本人は以前より噛まなくなりました。噛まないことで、あごが発達しなくなり「小顔」といわれる人が増えてきています。ファストフードなど、やわらかくてふわふわした、あまり噛まなくても飲み込める食べ物が増えてしまったからです。

口もとは、笑っているだけで口角が上がり相手に好印象を与えます。しかし、口当たりのよい食べ物ばかりとっていると、口もとの劣化を早め、口角を下げることになり、印象を悪くすることに直結してしまいます。

だ液には、口の中の細菌の繁殖を防いで口臭をおさえる働きがあります。だ液は噛むことで分泌が促されるので、毎日の食材に噛みごたえのある食材を取り入れるようにしましょう。

どっちをチョイス？

2つの食事、あなたはどちらを選びますか？　正しいチョイスのためのヒントは噛みごたえがあるか、ということです。

パン or ごはん

しっかり噛めるのはごはん。おにぎりにするのも噛みごたえがアップするのでオススメ。

ガム or タブレット

最近人気なタブレットですが、
だ液を出すにはガム一択です。

マグロ or タコ

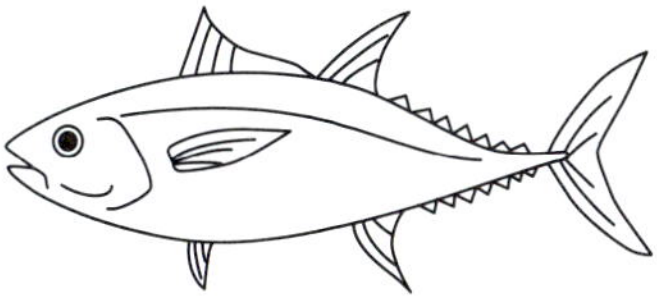

タコやイカなどはしっかり噛まないと飲み込めないので
刺し身はこちらをチョイス。

チョコレート or ナッツ

おやつにするなら、噛むおやつの無塩・無添加ナッツを。

豆腐 or 納豆

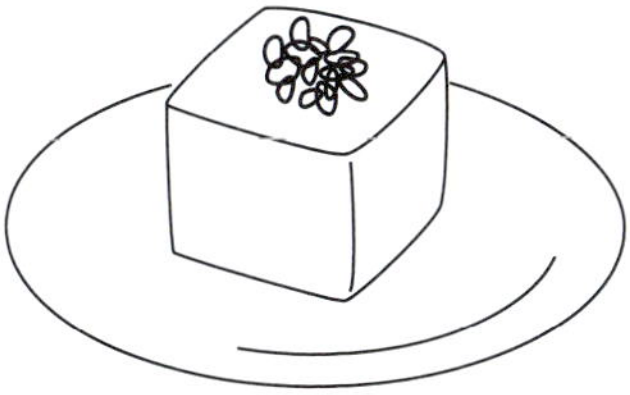

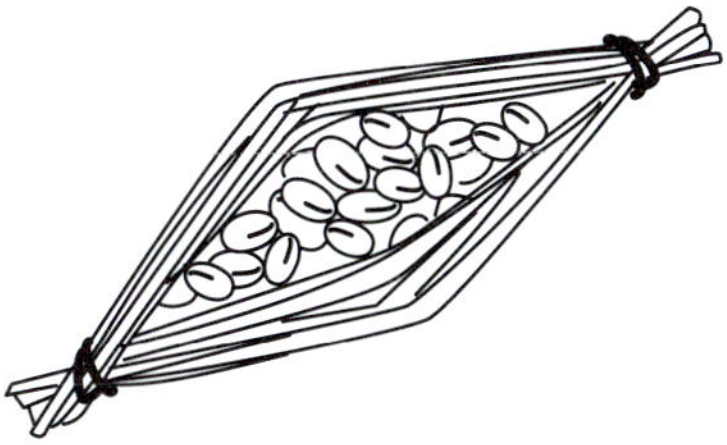

納豆は噛むのにいいだけでなく、
だ液の分泌を促進する成分も。

Check 15

コーヒー、緑茶、紅茶は要注意。飲んでもキレイな歯を保てるのは水

「口は健康の入り口」といわれているように、口を美しく保つこと、笑ったときに見える歯が白く美しいということは清潔な美しさにつながります。

老けた印象を与える原因のひとつが歯の黄ばみやくすみ。毎日何げなく飲んでいる飲み物で歯は黄ばんでいるのかもしれません。

普段、コーヒーや紅茶、緑茶などをよく飲みますか？　実は、歯に色がつきやすいのは紅茶などの茶色いお茶なんです。カップ

を見ても、茶渋の色が残りやすいですよね。また、最も色がつきやすい飲み物は赤ワインです。飲むときは合間に水を飲んだり、小まめに綿棒を使って歯を拭くことで付着を防ぎましょう。

コーヒーは「コーヒーブレス」というように、豆の粒子が舌に残りやすく、口臭になりやすいものです。若い人はだ液が多く出ているので、口臭にはなりにくいのですが、大人は気をつけたいものです。それから、お茶やコーヒーに入っているポリフェノール。身体にはいいのですが、口の中を乾燥させてしまうので注意しましょう。

歯のためには、水を飲むのが一番。スポーツ選手が試合のときにスポーツドリンクを飲んだ後、水を飲んでいるのを見たことありませんか？　口の中を中和させているんです。彼らは口をとても大切にしているのです。

Check16

タブレットよりガム！疲れが溜まったときのアイテムに

最近はコンビニなどでタブレットがよく売られていますが、買うならガムをオススメします。ガムを噛むことで、サラサラとした中和性が高く、再石灰化能力の高いだ液が出てきます。私がいつも持っているのは、歯科医院で販売されているキシリトール１００％のガム。コンビニやスーパーでも買える30％から40％のものでも、もちろんＯＫです。

ちょっと身体が疲れてくる15時から16時くらいにガムを噛むとい

いですね。目を覚ましてくれるし、疲れてくるとだ液が不足してくるので、噛むことでそれを補ってくれるのです。

なめたり、口の中で溶かすことに慣れてしまうと、噛むという運動量が減ってしまいます。噛むことはカラダにとっても積極的な動作なのです。噛む運動量を増やして、口の中を守ってくれるだ液を出しましょう。

現代人はだ液の量が減ってきていると言われますが、それはあまり噛まなくても飲み込める食べ物が増え、スマホの普及で話すということが極端に減って口を動かさなくなったことが原因です。噛むことは満腹中枢を刺激して運動量も増えて太りにくい身体をつくってくれ、ダイエット効果もある！ などいいことばかり。5分以上20分くらい噛むとハッピーホルモンであるセロトニンも分泌されます。味がなくなってもガムを噛むことは効果的なのです。

Check 17

口もと美人になるなら間食選びもキーポイント

間食をとるなら、噛めるものであることと甘味の成分に気をつけましょう。砂糖よりも、はちみつやオリゴ糖由来のものを選びます。これらは粘膜を保湿してくれる働きもあります。

間食の後は、水を飲んで酸性になった口の中を中和させましょう。仕事しながらお菓子をつまむなど、一日中絶え間なく何かを飲んだり食べたりするのは最もNG。特に甘い飲み物は虫歯になりやすくなります。

糖分にも気をつけましょう。ソフトクリームはひとつで21gの砂糖が入っています。砂糖が入ったものをだらだら食べることが、歯のエナメル質を溶かし、口の中にダメージを残してしまいます。

間食に食べるなら、パンより米。おにぎりにしたり、雑穀米にすると、噛む回数が増えるのでオススメです。噛める食べ物を選ぶことが口内環境を整えることにつながります。ポテトチップスを選ぶより、ナッツやアーモンド。それから歯に汚れがつかない飲み物。ちょっとした気づきが口もとをキレイに導きます。

私が最近ハマっているのが、納豆にオリーブオイルを小さじ1杯とお醤油を入れて食べること。納豆はだ液を出す効果があり、カルシウム代謝を促進する女性にとってはとったほうがいい食べ物№1といっていいほど。オリーブオイルで納豆の臭みが少なくなり、とってもおいしくなります。おつまみにも合いますよ！

口の中のpHと間食の関係

1日3回きちんと食事をとった場合と、間食などずっと食べている状態が続いた場合の、口の中のpHを比較したグラフです。食事をすると口の中は酸性になり、歯のエナメル質を溶解します。つまり、食事回数が多いほど、再石灰化が起こる時間が減り、虫歯になりやすくなります。飲食していない時間も大切です。

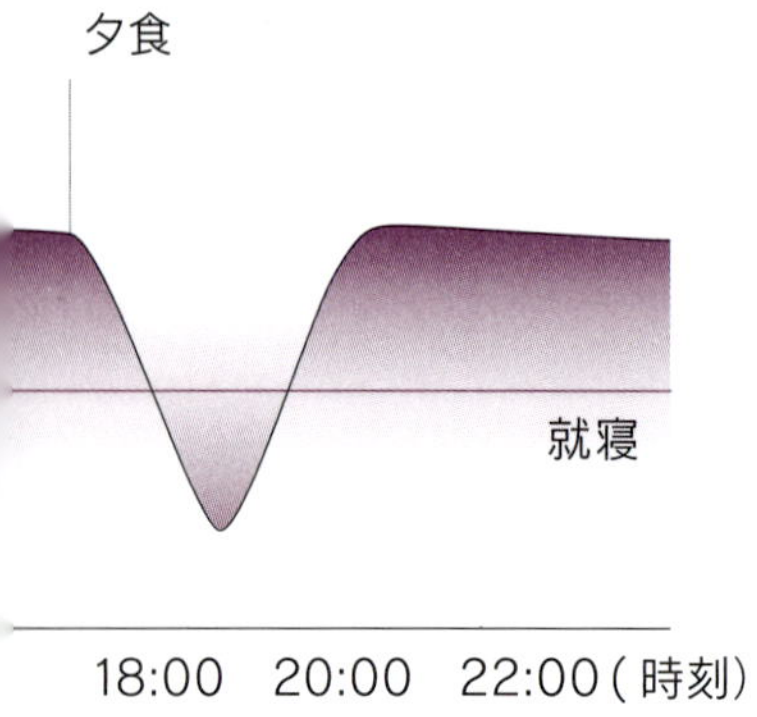

口の中は通常、中性の状態。飲食や、口腔内の細菌の酸によって、phは酸性に傾きます。

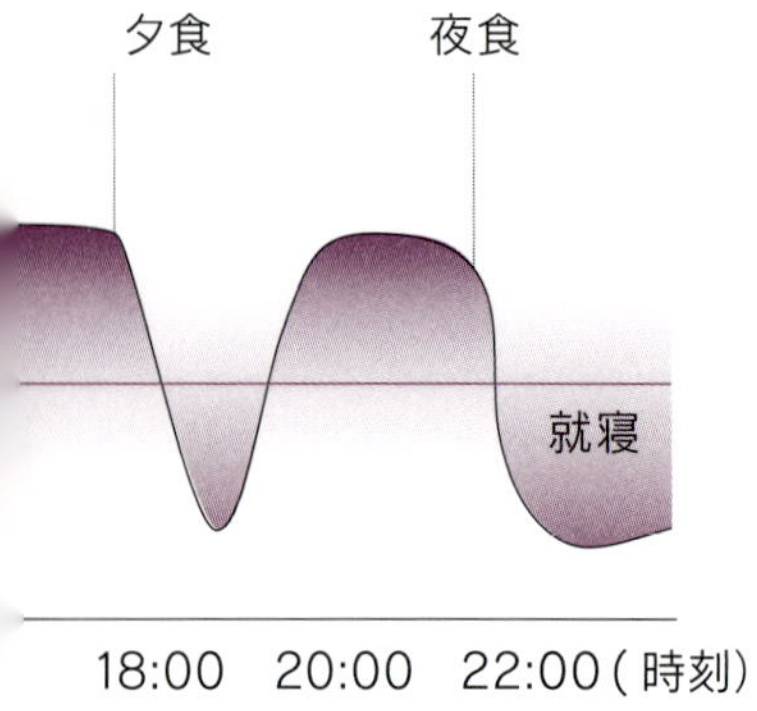

1日3食+間食1回の場合

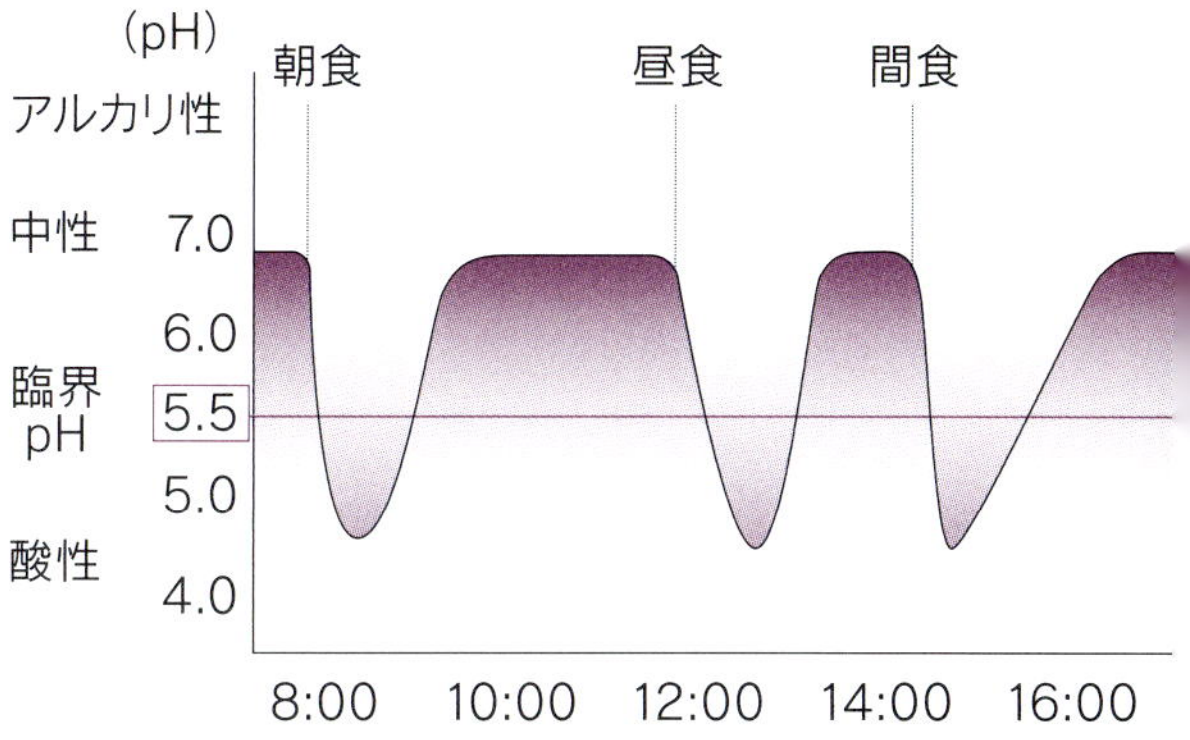

間食が多い場合

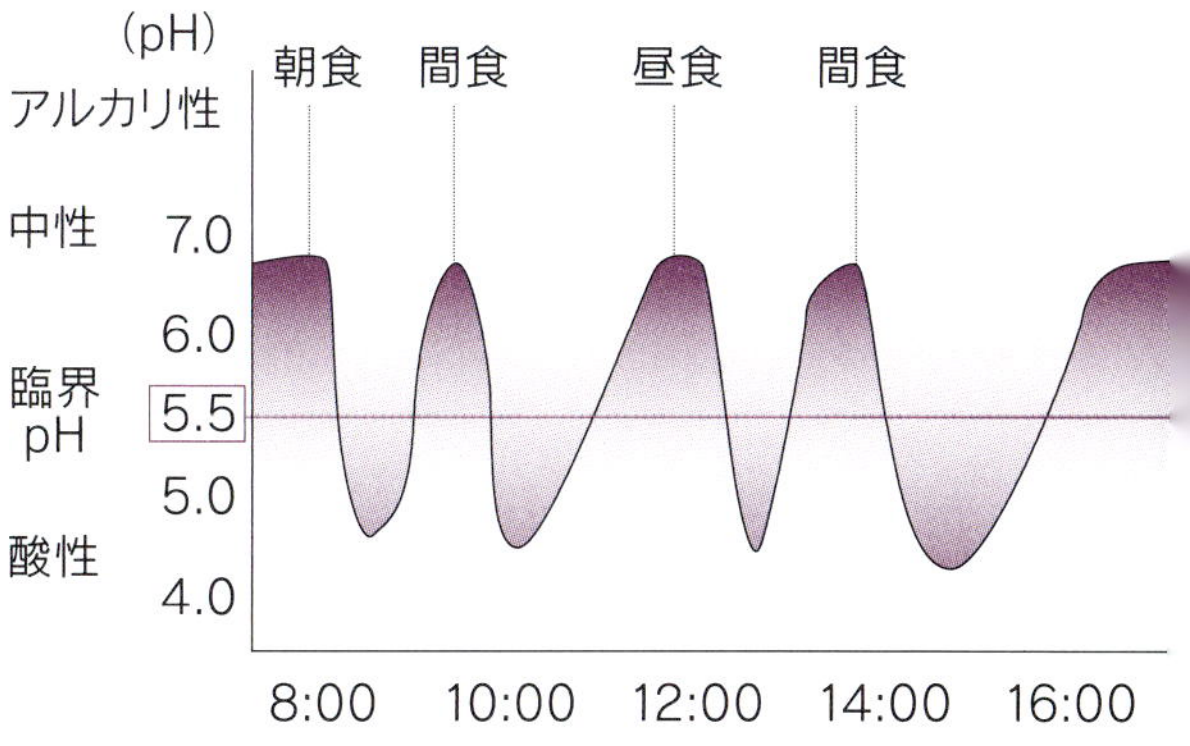

Check 18

乳酸菌飲料のちび飲みＮＧ！グイッと一気飲みで

乳酸菌飲料やスポーツドリンクに入っている酸。この酸は歯のエナメル質を溶かしてしまいます。酸性に傾いた口の中を中和してくれるのが水です。

一日中テレビを見ながらポテトチップスをつまんだり、ジュースを飲んだり、ちびちびワインを飲んだりしていると、口内は酸に侵されてしまい、歯は再石灰化が起こりにくくなります。そうすると虫歯だらけになってしまいます。

口の中が酸性になりやすい飲み物は、フルーツジュースや赤ワイン、ヨーグルトやスポーツ飲料などです。砂糖が入っているとさらに酸をつくってしまうので要注意。暑い夏はスポーツドリンクをちびちび飲んでいる子どもたちがとても多く、水にした方がいいのになぁと思ったくらいです。とにかく、時間をかけて飲むのが口の中にとっては一番悪いので、飲むならグイッと飲んでしまいましょう。そして必ず水で中和します。

お酒を飲む際も、ぜひ一緒に水を飲んでください。ワインやビールはレモンと同じくらい酸が強いんです。ましてアルコールは口の中の水分を奪いますから、大人のたしなみとして水を必ず一緒に置いておくのがいいと思います。ステイン（着色汚れ）も溜まりにくくなります。

Beauty Theory

唇の色、くすんできたらエイジングサインです

唇の色は年齢を表します。キューピッドボウをふっくらと見せるのが若く見える秘訣です。リップはナチュラル系を選んで、大人女子はリップペンシルを持っておくのがオススメです。

Check 19

唇の形・色があなたの印象をつくり出す

唇の美人バランスを決めるのはどこかわかりますか？　唇の上の山2つを「キューピッドボウ」といいます。天使の矢を放つボウの部分に似ているため、そのように呼ばれています。

年齢を重ねると唇の縦ジワが増え、輪郭がぼやけて曖昧になってきます。若い子でも唇が乾燥して輪郭がぼやけている人は増えています。

このキューピッドボウの山がぼやけてくると、鼻の下が長く、間延びした顔に見えてきます。鼻の下から唇の山までの距離が短い方が引き締まって若々しくフレッシュに、そして小顔に見えるんです。鼻の下から唇の山までの長さと唇の縦幅の比率は1対2が美人バランス！　唇の山のラインをふっくらとキレイに見せてあげるのがポイントです。

年齢とともに変化してくるのは唇の輪郭だけではありません。乾燥や長年の口紅の色素沈着などで色がくすんできます。このような唇は老けて見えるし顔全体の魅力を下げてしまいます。

私のクリニックで行っているリップエステ「リップるん」は、唇の汚れを落として保湿性のある美容液を導入し、優しくタッピングすると輪郭がよみがえり、キレイな赤みのある唇になります。

若々しい唇美人は、唇美容で叶います。

キューピッドボウとは

キューピッドボウとは、
美しい唇のフォルムです。
リップペンシルなどを使って、
次のような形を描いてみましょう。

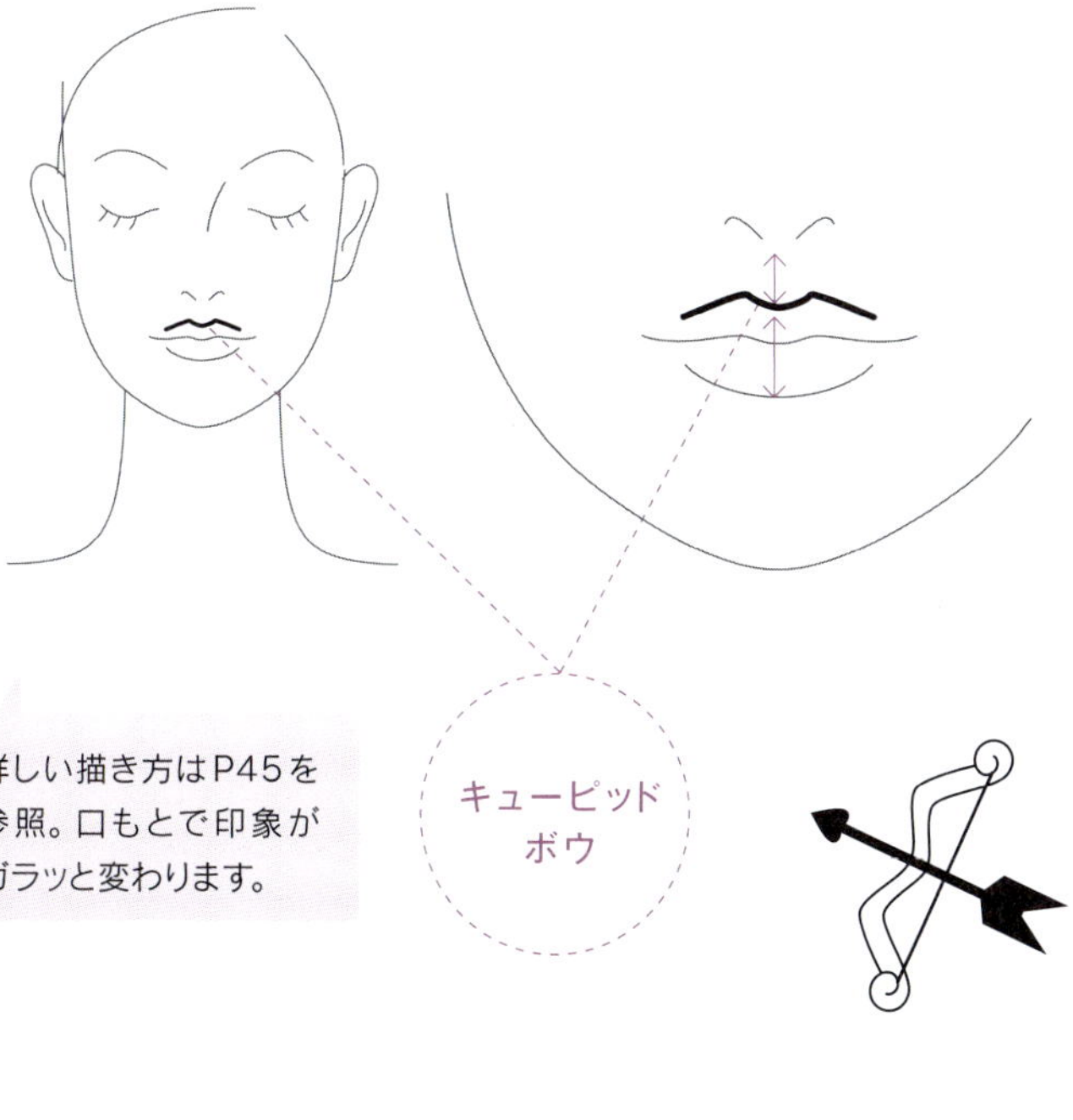

詳しい描き方はP45を参照。口もとで印象がガラッと変わります。

Check 20

リップクリーム選びは透明、半透明のものを

唇の乾燥を防ぐために塗るリップクリーム、どのようなものを使っていますか？

保湿のために塗っているリップクリームですが、メントール系のスーッとするタイプのものは唇を乾燥させてしまいます。また、安いワックスが入っているものも唇を乾燥させてしまうので避けた方がいいでしょう。シアバターやココアバター、オーガニックの保湿成分などナチュラルな成分でできている透明・半透明のリップク

リームなら安心です。多少コストがかかっても、唇をちゃんと守ってくれるものを選びましょう。また、紫外線の強い時期は唇も日焼けをします。SPF効果のあるリップクリームを選ぶのも得策です。

のびの良いテクスチャーのものなら、塗るときに余計な力を入れて擦《こす》らなくていいのでオススメ。私はワセリンを持ち歩いています。しっかり唇を保湿してくれますし、リーズナブルで万能です。

乾燥を防ぐために1日に何度もリップクリームを塗る人がいますが、それは逆効果。塗りすぎると、唇本来の再生力が失われてしまい余計に荒れやすくなることもあります。乾いたなと感じたら、塗り直すとよいでしょう。

唇にしみこむように色づくティントリップを塗るときは、必ずリップクリームでベースをつくってから塗りましょう。

Check 21

リップライナーは優等生。口紅なしでも愛され唇はつくれる

プロのメイクさんは必ずリップライナーを使い、唇の輪郭を丁寧に描きます。唇の山がキレイに出て顔色がよく見えたり、小顔に見える効果があります。唇は加齢とともにだんだん痩せてくるので、リップライナーでふっくらとオーバー気味に輪郭を描くことは、若見えにつながります。

リップライナーは自分の唇になじむ色を選びましょう。中でもオレンジ系やフルーツ系の色は日本人になじみます。サーモンピン

クやアプリコットピンク、ストロベリーピンクなど食べ物のネーミングがついた色は唇になじみ、ナチュラルで可愛い唇に（詳しくはP153参照）。

口紅が取れて塗り直せないというとき、簡単に唇の色をキレイにする方法があります。それは「んーパッ」と唇を閉じてパッと離す動作をすること。唇の色が赤くなるとともに、口まわりの口輪筋も刺激されて、血流が良くなります。

私の好きなフランスの女優カトリーヌ・ドヌーブは、大人っぽい顔立ちで唇の形がとてもキレイなんです。ヌーディな口紅をつけていて、よく唇を噛んでいたのですが、その様子がコケティッシュで素敵でした。フランス人ならではの演出ですね。実際は唇を噛むという動作は刺激が強くて唇の負担になってしまいます。口紅を塗り直せないときは「んーパッ」で乗り切るのが得策です。

Beauty Theory

ニオイにいびき。
女性だから大丈夫
なんてことはない

口臭やいびきなどは男性に起こりがちで、女性は大丈夫、なんて思っていませんか？　女性にはホルモンの変動が3回あり、口臭が起こるリスクは高まります。また、無理なダイエットも、実は口がニオイやすい原因です。

Check 22

女性のほうが歯周病になりやすい。ダイエット口臭に要注意

女性にはホルモンのバランスが変動する時期が3期あります。初潮期・妊娠出産期・更年期の3期は口の中のバランスを崩しやすく、歯周病菌に侵されやすい時期です。口臭が起こるリスクも高くなります。

朝起きたときや身体が疲れているときは生理的口臭といって一時的な口臭が誰にでもあります。これは歯みがきや朝食を摂るなど生活の活性化で解消していきますので、それほど気にしなくても

大丈夫です。しかし、虫歯や歯周病を放置して口の中を不健康な状態にしてしまうと、口の中だけでなく全身の健康状態が悪くなって口臭を呼び込みます。この「連鎖口臭」は一日中臭います。

女性が特に気をつけたいのが「ダイエット口臭」です。やっかいなことに、この口臭は自分では気がつかないのです。

極端な食事制限で身体に負担をかけると、たんぱく質や炭水化物が不足してエネルギーの源が奪われます。すると身体は飢餓状態だと思い、溜めていた中性脂肪を燃やし始めるのですが、これが「脂肪酸」に変化してニオい始めるのです。さらにダイエットを続けると糖が不足し、「脂肪酸」がもっと強いニオイのもとである「ケトン体」を肝臓でつくり出します。「ケトン体」はフルーツが腐ったようなニオイの「ケトン臭」を放ち、この正体が「ダイエット口臭」です。ダイエットのやり過ぎは要注意です。

Check 23

意外と多いいびき女子。自分で確認する方法

いびきをかく原因は口呼吸にあります。いびきというとおじさんをイメージしますが、最近は「いびき女子」が増えているそうです。実は、口で呼吸すると寝ているときにいびきをかきやすいのです。

口呼吸は、舌が下がっていることで起こります。「私、いびきかいてるかも……」と思ったら、朝起きたときに舌の位置を確認してみましょう。舌は根元から先まで上あごにぴたっとついて収まっ

ているのが正しい位置です（Ｐ73）。舌が下がっていたら、鼻ではなく口で呼吸していた証拠ですから、いびきをかいている可能性もあります。

舌が下がっていたら、上げて鼻呼吸に戻す対策をしましょう。舌を活躍させて、根元から上にあげるトレーニングをします（詳しくはＰ32）。舌が下がって落ちていると口呼吸になり、鼻での呼吸ができなくなります。

太り過ぎている人もいびきをかく人が多いですよね。肥満はよく噛むことで予防できるので、太り過ぎてしまうのはよく噛んでいないということ。噛んでいないと舌も下がってくるし、口呼吸になりやすくなります。ついつい、噛まなくていい食べ物を選んでいませんか？　食生活と舌はとても深い関係があるのです。

Beauty Theory

エステには お金をかけるのに、 歯医者に行かない女たち

エステなどの美容にはお金をかけているのに、最後に歯医者に行ったのは何年前だろう〜という人は多くいませんか？　美しく白い歯は未来の幸せを引き寄せる力があるんです。

Check 24

幸せを呼ぶ真っ白な歯は歯医者でつくられる

なぜか、エステや美容院へは小まめに通うのに、歯医者には行かない、歯のことは後回しという人がとても多くいます。

私のクリニックに通っている女性で、歯のホワイトニングや矯正をしてから結婚する人が多くいました。なぜ歯なのでしょう。

私が思うに、歯のケアをすることで5年後10年後の幸せな未来を見据えた自分を想像することができ、家族を持つという責任や決心ができるようになるのではないでしょうか。肌や爪や髪は人に見せる外見の部分ですが、歯はもっと内面に近いと思います。

最新のホワイトニングとして、私のクリニックでは「Ｏｎｌｙ３Ｄａｙｓ」という光を当てない画期的なホワイトニングがあります。３日間続けて行うこともでき、今までのホワイトニングでは知覚過敏が起こりやすい、もともとエナメル質が薄い人でも、痛みが出ることが少なく、歯の際ギリギリまで治療することができます。薬剤をのせている時間も約10分×2回と短いので、歯への負担が少なく高いホワイトニング効果が実感できます。

30代後半からエイジング化が進み、歯の色もくすんできて、ホワイトニングしている人としていない人では差が出てきます。ホワイトニングは専門の歯医者で行いましょう。虫歯や歯周病の予防にもつながります。

Lesson 3

自信がもてる口もとになる、オーラルケアの基礎知識

美しい口もとをつくるには、外側だけでなく、口の中のケアもとても大切です。正しい方法を教わることなく、何となく毎日歯みがきは続けている、という人は多くいるでしょう。ここからは、本当にキレイになるための「正しい歯みがきのしかた」をお教えします。

Beauty Theory

オーラルケアをしっかりしなければどんな美人も台無し

つい、後回しにしてしまう歯医者。でも、健康や美容にしっかり気配りしている人は、ここにこそ注力しているのです。正しいオーラルケアを今、もう一度学んでください。

Check 25

ネイルやヘアの前にまずは歯医者。美しい歯の3カ条

クリニックには女優さんやモデルさん、女子アナの方なども多くいらっしゃいます。人に見られる職業の彼女たち、実は健康を維持する大変な努力と小まめなチェックをしています。

歯の定期的な検査やクリーニングはもちろん、少しの違和感でも、多忙なスケジュールの合間をぬってクリニックに訪れます。多くの人は、とりあえずネイルやヘアを優先、歯は痛くなってから行けばいい、と後回しになりがちです。

健康を維持するため、少しの不調にも向き合って取り組む姿にとても感心します。例えば、歯にものが挟まる場所がある、歯と歯の間の色が黄ばむなど、普段から小まめなセルフチェックを怠りません。

彼女たちは口もとや歯の美しさを大切にすることが自分をより輝かせて魅力的に見せることを知っています。私も、歯を大切にしている人が多くの場面で活躍している姿を見てきました。

では、美しい口とは？　私は次の3つを考えています。

美しい口3カ条

1カ条　歯が黄ばんでいないこと
2カ条　舌がキレイであること
3カ条　歯茎が健康であること

自分では気がつかない歯石のたまりが歯の黄ばみになり、40代以降は年齢とともにエナメル質の下の象牙質が黄ばんできます。噛まない食生活を続けていると、歯が汚れやすくなり、虫歯や歯周病を放置することでも歯は黄ばみます。

口呼吸をしていると、舌は白っぽく汚れてしまいます。なぜなら舌はスタンダードポジションに収まっていると、上あごの裏と擦れて自然に掃除できるのです。舌が上あごについていないと汚れがつきやすくなります。

歯茎の色は、メラニンの沈着もありますが、極端に赤黒かったり、腫れてぶよぶよ感のある状態になっているときは歯周病かもしれません。

普段のオーラルケアはしっかりと、そして四季に一度は歯医者に行きましょう。

24時間歯みがきタイムをチェック！

あなたは1日何回、歯をみがいていますか？
私のオススメは1日4回ですが、
それぞれの歯みがきで目的が違うんです。各時間に合わせた
歯みがき方法をこれからご紹介していきます。

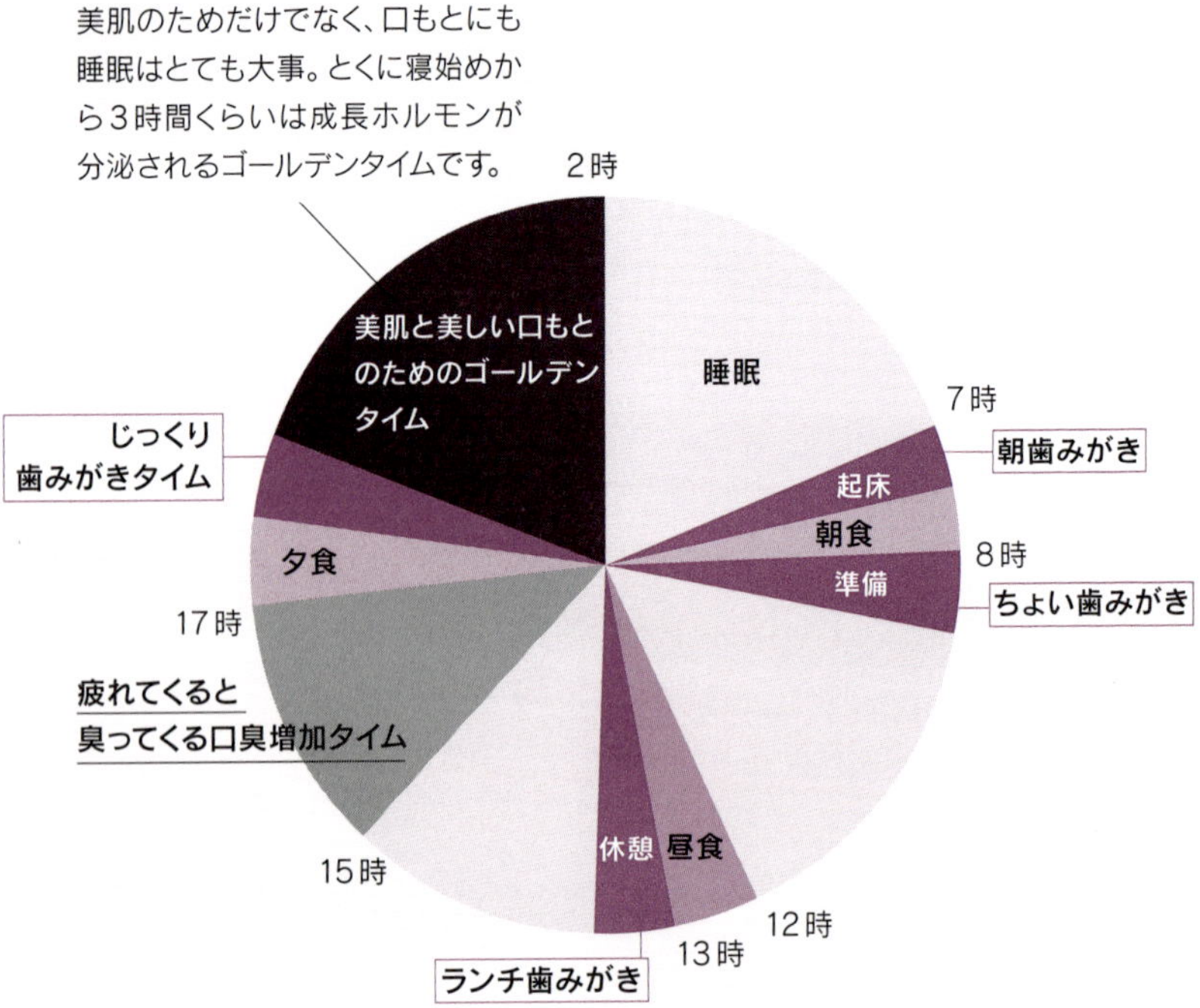

Check 26

朝は口腔環境の改善、夜はその日の汚れをすべて落とす

朝と夜の1日2回は必ず歯みがきをしましょう。寝ている間に口内のだ液は50％に減り、起きたときには便10gと同じ菌が口の中にある状態になっているんです。それをそのまま身体の中に入れてしまわないように、朝は起きてすぐに歯を磨きます。さらに朝ごはんの後、歯みがきをするともっといいですね。

夜は、寝ている間に口の中の菌を育てないようにするため、歯みがきをします。歯ブラシのほか、フロスや歯間ブラシなどすべて

のツールを使ってその日の汚れを極力落とすようにしましょう。また、肌と同じでゴールデンタイムに口の中の再生が行われ、睡眠は口の中のバランスを整えてくれます。しかし寝ている間はだ液は減り、口の中はカラカラ乾いた状態に。菌が繁殖してしまう環境になるのです。ですから1日の汚れをしっかりと落としておく必要があります。

テレビを見ながらなどの「ながらみがき」でも構わないのですが、注意したいのが「バスタイムみがき」。バスタイムは髪や身体を洗ったりとやることがたくさんあるので、歯みがきは雑になりやすく力を入れてゴシゴシ磨いてしまいがち。きちんと磨くためにはバスタイムは避けて歯を磨きましょう。

Beauty Theory

歯みがき前に絶対行いたいのは「口ゆすぎ」！

朝起きたとき、歯を磨く前に、口を30秒ゆすぐことでプレ歯みがきが完了。簡単なことですが汚れ落としに効果的で、かつ、口をよく動かすのでだ液の出もよくなり、一石二鳥です。

Check 27

歯ブラシを持つ前に、ぬるま湯での「口ゆすぎ」を習慣に

歯みがきをするとき、いきなり口に歯ブラシを入れて磨いていませんか？　それでは歯の汚れはきちんと落とせません。歯ブラシで磨く前に必ずしてほしいことがあります。それが「口ゆすぎ」（詳しくはP36参照）です。

20㎖くらいのひと肌程度のぬるま湯で、口をゆすぎます。グチュグチュと音がするくらい、口の中のあらゆる方向に舌も絡めながらゆすいでいきます。時間は約30秒。1回でOKです。30秒は

やってみると意外に長いのですが、その効果は絶大。それだけで口の中の大きな汚れがまず落とせます。

口ゆすぎなしの歯みがきで陥ってしまいがちな落とし穴は、汚れが落ちたと錯覚してしまうこと。汚れは幾重にもなっていますから、歯みがきだけですべての汚れを落とすのは難しいのに、歯全体がキレイになったと錯覚してしまうのです。先に口ゆすぎをすると、一番上にある大きな汚れが落ちるので、細かい汚れが落としやすくなります。

さらにこの口ゆすぎは口を大きく動かすので、だ液も出やすくなり、口まわりのたるみ予防にも効果的です。

今日からの歯みがきは、「口ゆすぎ」からスタートする習慣をつけましょう。

Beauty Theory

間違った歯みがきは意味なし。電動・手動の特性を生かす

歯みがき、手動と電動を時間や使い方で分けます。歯ブラシは1カ月に1本小まめに交換し、清潔な口もとを目指します。

Check 28

電動歯ブラシはバット持ち、普通の歯ブラシはペンハンド

毎日何げなく使っている歯ブラシにも正しい持ち方がありま す。電動歯ブラシはヘッドが振動して動くので、バットを持つよう にグーで握るように持ち、歯に1本ずつ当てるようにしてブラシ をずらしながら使います。手動の歯ブラシは、ペンを持つように 握りましょう。

電動歯ブラシは使う時間がポイント。大体の電動歯ブラシは2 ~3分で歯みがきが完了します。短い時間で全体が磨けるのでラ

ンチタイムの後に使うのがオススメです。

ただし、電動歯ブラシは案外パワーが強いので、歯茎に当てるときは注意しましょう。特に歯茎に炎症が起きているときは手動のやわらかな歯ブラシで、そっと磨きましょう。

力加減は、電動歯ブラシの場合はオートマチックにできるのでお任せしてOK。手動の歯ブラシの場合は歯の表面は普通にこすり、デリケートな歯と歯肉の境目は歯ブラシの毛先を45度に沿わせて、爪の甘皮をこすっても痛くない程度にやさしく磨きます。

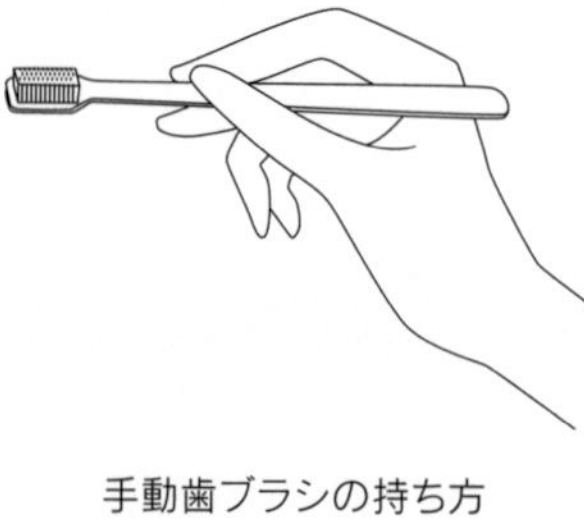

手動歯ブラシの持ち方

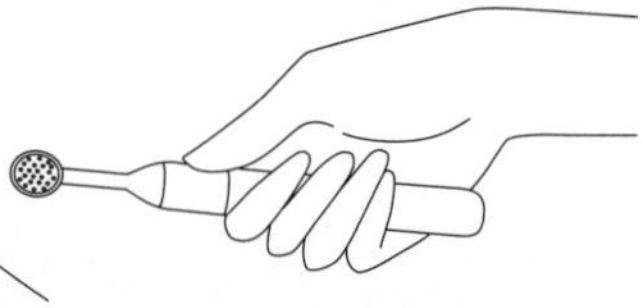

電動歯ブラシの持ち方

Check 29

歯ブラシは1カ月に1本。ガシガシやっても歯石は取れない

歯みがきのアイテム選びも大切です。歯ブラシはいろいろな種類のものがありますが、ヘッドの大きさが3列くらいのコンパクトなものなら口の小さい女性でも細部にわたって磨き残しがなくなり、使いやすいです。まっすぐ平らにカットされているものが、歯面に対してしっかり当たるので良いでしょう。朝晩1日2回は使うものですので、1カ月に1本のペースでこまめに交換しましょう。私は1カ月に2本のペースで交換しています。

ブラシの硬さは普通のものがオススメですが、炎症を起こしているところはやわらかめのブラシを使った方がいいでしょう。ガシガシと力を入れてこすっても歯石は取れません。歯石は歯医者さんで取ってもらいましょう。歯肉下がりの原因にもなるので、歯肉側はやさしいタッチで磨きましょう。

歯磨き粉は、泡立ちのよすぎるもの、味・刺激・香りの強いものを使うと早く口をゆすぎたくなるので歯みがきタイムが短くなり、磨き残しが生じやすいのです。オススメは重曹パウダー入りの歯みがき粉。低研磨処方のもの、ナノ粒子のハイドロキシアパタイトが入っているものもいいでしょう。歯みがき粉に頼り過ぎず、泡立ちに依存せず、正しい歯ブラシのあて方、力加減、磨き方でお手入れしましょう。5年10年後が変わってきます。

Check 30

ランチタイムは電動がオススメ。狙いは奥歯の汚れ

新しい製品が次々と出ている電動歯ブラシ。進化をして私たちの生活にかなり浸透してきていますね。朝晩の歯みがきを電動歯ブラシに頼っている人も多いのではないでしょうか。

また、従来は、電動歯ブラシは思いのほか歯や歯肉へのタッチが強かったために、歯に短時間当てただけで磨いたような気になってしまうため、違和感が出ることもありました。

電動歯ブラシは振動や音波によって汚れを落とすしくみなの

で、歯の複雑な形や表面の細かい凹凸にも対応能力があります が、歯と歯肉の境目のデリケートゾーンは、刺激が強いと感じる こともあります。ですから、朝晩の毎日の歯みがきには、手動歯 ブラシとうまく組み合わせて使うといいでしょう。

また、時間のないランチタイムの後の歯みがきには最適です。

歯と歯ですりつぶすようなランチを食べた後は奥歯に汚れが溜ま ります。電動歯ブラシはそんな奥歯の汚れにとても向いていて、 しっかりキレイにしてくれるし、全部の歯を磨き終わるまで2～3 分と短い時間で済みます。

歯ブラシの種類は、磨く場所や目的で正しく使い分けるのがい いですね。

Beauty Theory

歯みがきは
歯間、三角コーナー、溝、
3つの箇所を攻める！

汚れを落としにくい3つの箇所を意識して、夜の歯みがきは、あらゆるアイテムを使って1日の汚れを掃除する時間にします。朝は3分、夜は10分を目安に。

Check 31

ポイントは3カ所。アイテムを使ってすべて攻める

歯みがきでは、汚れが落としにくい場所があります。それは「歯の間」、歯と歯の間の歯茎との境の部分である「三角コーナー」、奥歯の噛み合わせ部分の「溝」の3カ所。ここは普通の歯ブラシではなかなかキレイに汚れを落としきれません。

まず、歯と歯の間の空隙《くうげき》は炎症を起こしている人が多い部分です。歯の左右側面カーブは最も汚れを落としにくい場所。フロスをくるむように使って汚れを落とします。

歯の表面の汚れを落とすことで満足してしまいがちですが、「三角コーナー」と私が呼んでいる歯と歯の間の歯茎に近い部分も、歯ブラシが届きにくい箇所です。フロスを通すと出血する場合は、腫れて炎症している証拠。そんなときは歯肉側の汚れを落とすインタースペースブラシを使いましょう。少しずつ入れて汚れを取っていきます。使い方が難しいので、歯医者で教えてもらうとよいでしょう。

「溝」をお掃除してくれる立役者は電動歯ブラシ。電動歯ブラシの動きは溝の汚れを落とすのにぴったりです。

歯の汚れはその場所に合った道具を使うことでキレイにすることができます。

正しい使い方を次のページで紹介します。

歯みがきで攻める3カ所はココ！

歯みがきをしっかりやっているつもりでも、みがき残しが多いもの。
しっかりセルフケアをして、虫歯予防をしましょう。

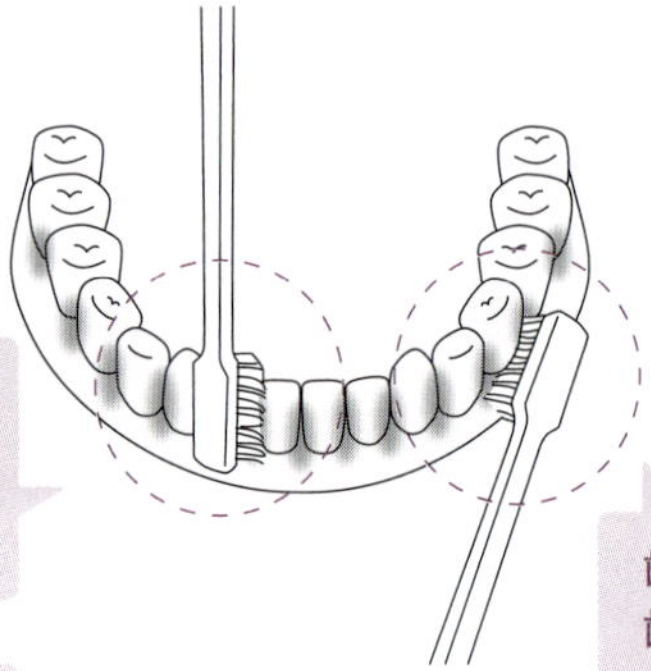

歯と歯の間
炎症を起こしやすい場所。
フロスも使って。

歯と歯、
歯ぐきの間
三角コーナーと呼ばれる場所。毛先を使って。

奥歯の噛み合わせ
奥歯の溝は電動ブラシを使って。

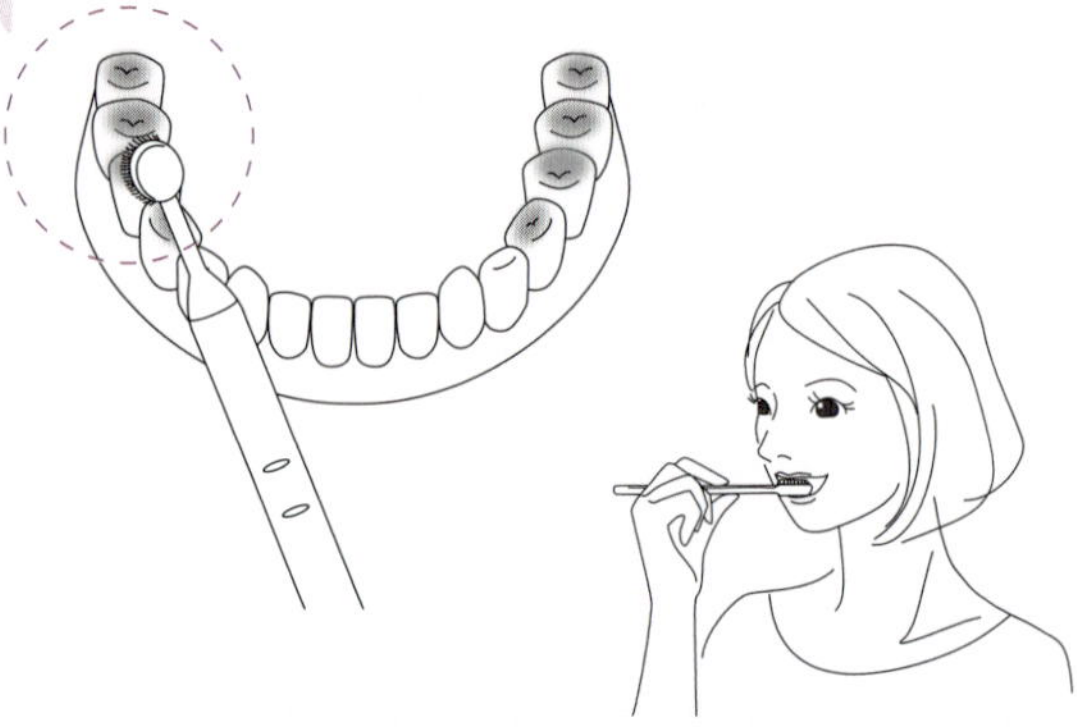

Beauty Theory

ブラシで落とせる汚れは5割。5種の神器を駆使する

歯ブラシの後にフロスを使えば9割の汚れは落とせます。電動歯ブラシはランチ後にぴったり。さまざまなアイテムを併用して使いましょう。

Check 32

朝は2〜3分、夜は10分。フロス使いがカギになる

歯を磨く時間、どのくらいかけていますか？　1分以内だったり、何かをしながらずいぶん長い時間磨いている人もいるかもしれません。歯みがきは長ければいいわけではなく、朝は2〜3分、夜は10分と覚えていてください。

毎日行う歯みがきですが、実は普通に歯ブラシで磨いただけでは5〜6割程度の汚れしか落ちていません。

私はメディアに出る方たちの歯のホワイトニングやトリートメン

トをしていますが、治療に入る前に「どこか気になるところはありますか？」と尋ねると、全員が「歯と歯の間の黄ばみが気になる…」と答えます。やっぱりそこなんです。

歯と歯の間は汚れが溜《た》まりやすく、落ちにくく、だ液が通過しにくくエナメル質が再生しにくい場所で虫歯になりやすいのです。残念ながら歯ブラシだけでは汚れを落とすのは無理。ですから、デンタルフロスを使いましょう。

フロスは歯肉にあまりあてないようにして、歯と歯の間の汚れをゆっくり取るイメージで使います。歯の間がキレイになると、歯の白さが生きて若々しくフレッシュな印象になりますし、だ液も通るようになり、虫歯や歯周病のリスクも減ります。「1日1回の夜フロス使い」を習慣にしましょう。

Check 33

デンタルフロスは必須アイテム！これなくして歯みがきは語れない

前ページでも紹介しましたが、歯みがきに欠かせないのがデンタルフロスです。どんなに歯ブラシで丁寧に磨いても、届かない場所があります。それは歯と歯の間。歯間は緊密にくっついているので、だ液も通しません。虫歯や歯周病菌もここに溜まるため、ダメージを最も受けやすい場所なのです。そこでデンタルフロスを使います。

ドラッグストアに行くといろいろな種類のフロスが並んでいま

す。ワックスでコーティングしてあるものやリボンのような糸のものが比較的なじみやすく、歯間にすっと入って抜けやすいと思います。大切なのは長さです。フロスは長めにカットしてください。目安はフロスを手に持って下に引き出し、ひじまでより少し長めに取りましょう。

使い方は、歯と歯の間、奥歯のコーナー部分の汚れを落とすために、歯1本ずつ表面に沿わせるようにフロスで歯をくるりとくるみ、上下に動かします。これを夜の歯みがきの後に行ってください。「歯みがきだけではこんなに汚れが落ちていなかったの!?」と思うくらい汚れが出てくるので、もうフロスなしでは歯みがきが終われなくなってしまうでしょう。

フロスをすることで9割の歯の汚れが落ちると思ってください。

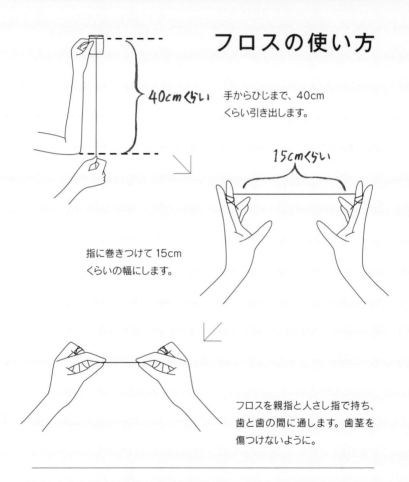

フロスの使い方

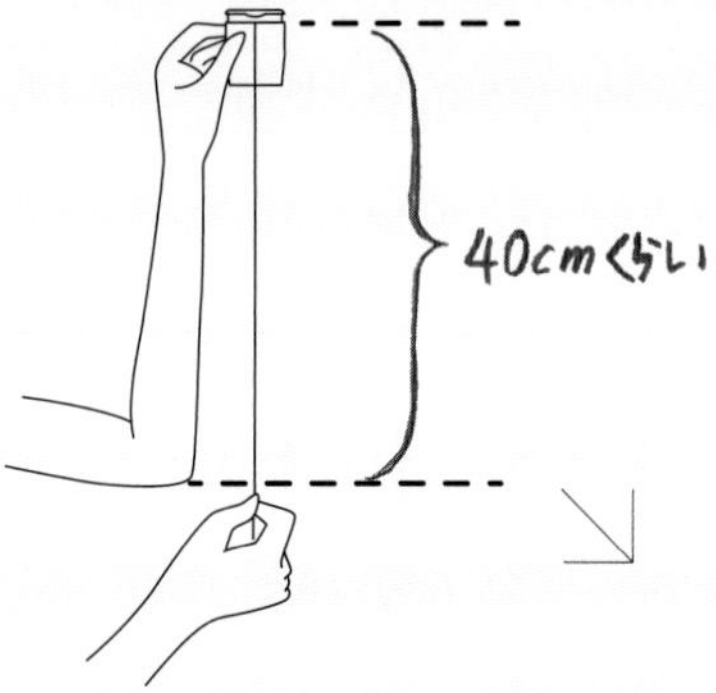

手からひじまで、40cm
くらい引き出します。

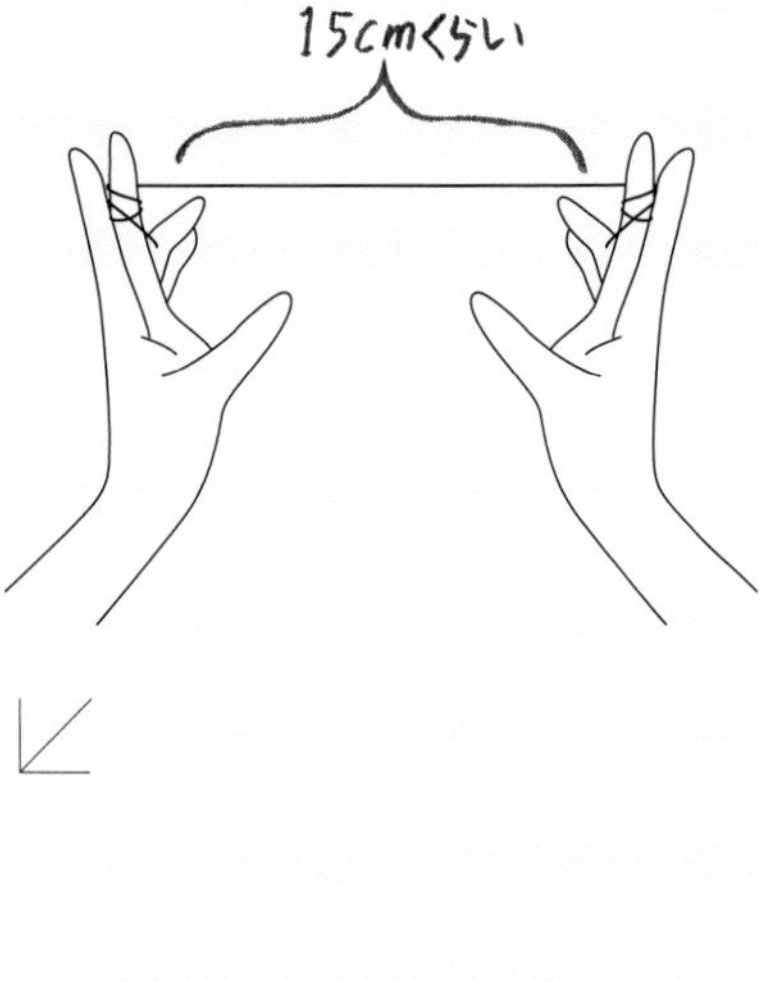

指に巻きつけて 15cm
くらいの幅にします。

フロスを親指と人さし指で持ち、
歯と歯の間に通します。歯茎を
傷つけないように。

Check 34

歯間ブラシは歯肉部分に1回通す！

歯と歯の間の歯肉により近い三角地帯のような小さな空隙は、食べかす汚れが滞留しやすい部分。ここに使うのが歯間ブラシです。1日1回は歯間ブラシを通して風通しをよくしたいですね。

この三角地帯は歯肉よりのデリケートゾーンです。ゴシゴシと擦り過ぎると歯肉が退縮してしまうので注意が必要です。患者さんの中にも、デンタルチェックのときに下の前歯の間に大きな空隙ができていたので聞くと、毎晩サイズの合わない歯間ブラシで力を入れてゴシゴシ擦っていたということがあります。

特に下の前歯付近の歯肉は薄くてとてもデリケート。摩擦に弱くて極度の刺激を繰り返すと退縮して下がってしまうのです。しかも歯肉は一度下がるとなかなか戻ってきてくれません。さらに続けると歯根が露出し、知覚過敏症状を呼び込んでしまいます。歯肉はしつこく追えば追うほど逃げていくのです。

歯間ブラシは細いものから太めのものまでサイズがありますが、歯と歯の間は個人差があるので、必ず自分に合うサイズを選びましょう。

歯と歯肉の間に歯間ブラシを入れたら、ゴシゴシ擦らず1回スッと通すだけでＯＫです。毎日のケアに上手に取り入れれば、これからの5年後10年後の自分の口の中を守り、つくっていく自信へとつながっていくでしょう。

歯間ブラシの使い方

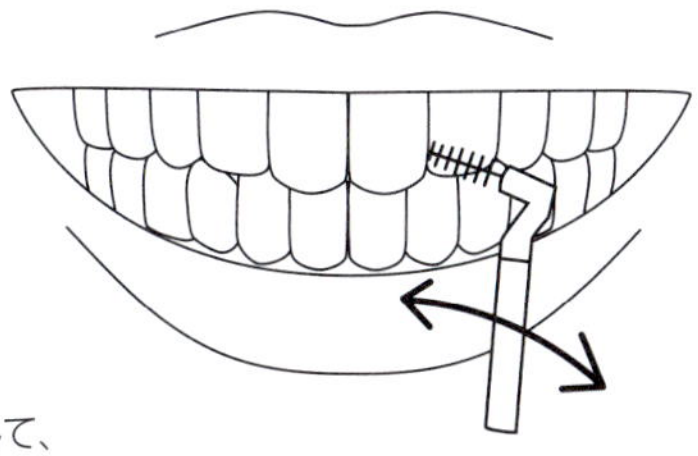

前の方の歯は、歯間部に挿入して、
前後に1回動かします。

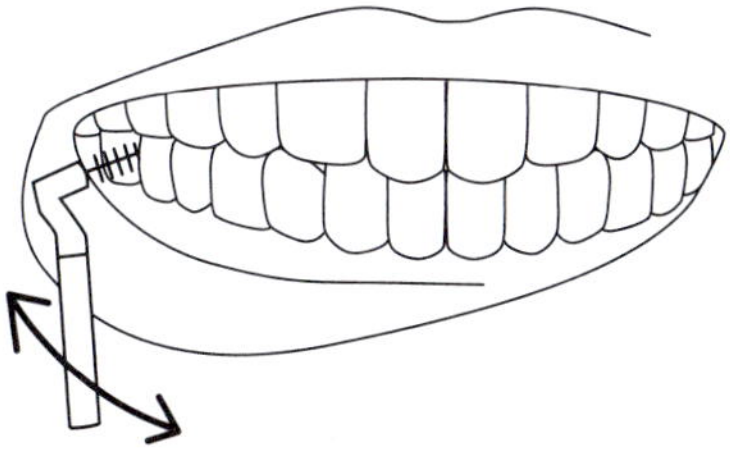

奥の方の歯は、歯間部に挿入して、
1回動かします。

Check 35

サラサラだ液はデンタルリンス、ストレス時はネバネバに

健康な人は1日に1～1.5ℓのだ液が分泌されています。だ液には食べ物を洗い流して歯垢《しこう》をつきにくくする「浄化作用」、食べ物を溶かして胃腸の消化吸収を助ける「消化作用」、歯周病菌などの増殖を抑える「抗菌作用」、歯の表面のエナメル質を修復する「再石灰化作用」などの働きがあります。

だ液は、噛んでいるときなどに出てくるサラサラとしたものとストレスを感じたときに出てくるネバネバとしたものがあります。

サラサラだ液は梅干しなどの酸っぱいものを食べているときや、水分をとっているとき、マッサージをしているとき、舌を動かしているときなどリラックスして副交感神経が優位になっている際に分泌され、口の中をキレイに浄化してくれます。

ネバネバだ液は水分不足やワッと急に驚かされたときなどストレスを感じたときに、交感神経が優位になり分泌されます。このネバネバには、納豆やおからにもあるムチンが入っていて、私たちの身体を外部刺激から守ってくれる役割があります。ですから、どちらがいいだ液、悪いだ液ということではありません。

血液の流れとだ液はとても密接な関係があり、血流が良いときの方がだ液もよく流れて循環し口の中が乾きにくくなります。また、緑茶などに入っているポリフェノールは口の中を乾燥させてしまうので、飲みすぎにはご注意ください。

Check 36

心も目線も上向きに！リラックスがよいだ液をつくる

スマホやパソコンを見る機会が増えて、目線が下向きになっている時間が多くなりました。

だ液が最も多く出る場所は、フェイスラインのあごの下にある顎下腺《がっかせん》で、ここで60％が出ているといわれています。しかし、インスタント食品などやわらかい食べ物が増えて噛む回数が減り、睡眠不足、口呼吸、スマホを長時間見ることで目線が下がり姿勢が悪くなる。このような理由でだ液は30％しか活用できていないのではないでしょうか。

特にうつむき加減の姿勢で目線が下に下がると、顎下腺が圧迫されて血流が悪くなり、だ液は出にくい状態になります。

電車の中でずっとスマホを触っているような人は、時々背筋を伸ばして目線を上げて、さらに口を開けたりして滞った血流をほぐして流すようにしましょう（詳しくはP40参照）。それだけでだ液は出やすくなります。目線が下がると首が前に突き出てしまい、フェイスラインもたるみます。

まずは目線を上げて、トレーニングでだ液分泌をアップさせるようにします。

Check 37

知覚過敏に要注意。怖いのは大人虫歯

知覚過敏とは、虫歯ではないのに歯にしみるような痛みを感じる症状のことです。歯の表面を覆っているエナメル質が剝がれて、その中にある象牙質が露出して刺激を感じやすくなっている状態です。一時的に痛んで、すぐにおさまるので放置してしまう人も多いのではないでしょうか。

硬い歯ブラシや研磨粒子の粗い歯みがき粉で、歯肉ギリギリのところを擦ってしまい知覚過敏症状を起こしてしまっている場合も多いです。

もっと怖いのは知覚過敏を放置してエナメル質の下の象牙質が虫歯になってしまうこと。これはかなり重篤な状態で大人に多いので「大人虫歯」と呼んでいますが、ポッキリと突然歯が折れてしまうこともあります。

大人虫歯は、表面の見えるところで起こる子どもの虫歯と違って歯茎側で虫歯になってしまうので、隠れて出てこないのです。同時に、神経に近いところで虫歯になるので、気がついたときにはもう手遅れで抜歯……。入れ歯になってしまうこともあります。

とにかく歯は痛くならないうちに歯医者に行かなければなりません。「知覚過敏かも」と思ったら早めに歯医者に行くこと。自己診断にはご注意ください。

Check 38

1本の管でつながった身体。口がキレイな人は内臓もキレイ

私は歯科医という職業柄、その人の口もとを見ると体調の良し悪《あ》しがわかってしまいます。

「口は健康の入り口」と言われるように、身体に栄養や水分を補給したり、呼吸したり会話したり笑ったりとさまざまに活躍しイキイキと過ごすために欠かせない場所です。人間ドックで消化器系の内視鏡検査を受けたとき、先生がモニターを見ながら「石井さんの粘膜はとてもキレイですね。口の中がキレイな人は

出口もキレイなんですよ」とおっしゃったのです。私はそれを聞いてとても嬉しく思いました。

口の中に口内炎や口角炎ができているときは、なんとなくお腹の調子が悪かったり下痢気味だったりすることとありませんか？　口と内臓は1本の管続きなので、胃腸の調子が悪いと口の中が荒れたり乾燥したりします。寝不足続きで体調が悪い人はリップエステでさえも痛いと感じることがあるくらいです。

ですから、きちんとよく噛んで食べてだ液を出すこと、正しいケアで歯をキレイにしておくこと、舌を活躍させることは、内臓のためにも良いこと。身体の中を健康でキレイにしたいなら、口の中をキレイにするべきなのです。

リップアイテムやアクセサリーを使った口もと美人の見せ方

これまで、口まわりの筋肉を鍛えるエクササイズの方法や、よりあなたを美しく見せるための口もとケアの仕方、オススメの食べ物、さらに歯を健康に保つためのデンタルケアの方法などをご紹介してきました。これまで、口についてここまで詳しく、真剣に考えたことはなかったのではないでしょうか。

ここではさらに、あなたが輝いて、口もとを美しく見せるためのアドバイスをお伝えしたいと思います。

リップペンシルの選び方

口紅やグロスもいいけれど、私のオススメはリップライナーです。口もとの「美バランス」を作るキューピッドボウを描くためにはとても便利。P99のようにオーバー気味に描きます。色はおいしそうな名前のものを選ぶと、肌の色になじみやすく、可愛らしい唇になります。私のオススメは左の3色です。

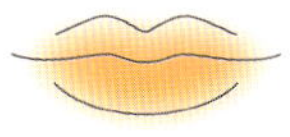

アプリコット

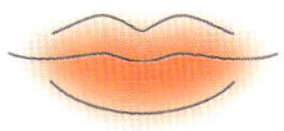

サーモン

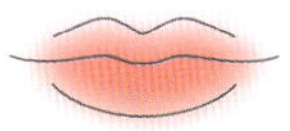

ストロベリー

アクセサリーの選び方

口もと美人に見せるなら、アクセサリーにはパールを選ぶのがオススメです。パールは昔から、無垢で清らかなイメージを持っています。若い人から年齢を重ねた人にも合いますし、真っ白い歯と白いパールの組み合わせは、あなたの笑顔をより素敵なものにしてくれます。

RECOMMENDATION

オススメ

笑顔がキラリきらめく
デンタルケアアイテム

美しい口もとをつくるために揃えておきたい、オススメのアイテムを紹介します。どれを買っていいか迷う!といったときの参考にしてみてください。

アイテム 1

クリニカアドバンテージハブラシ

オススメ POINT

奥歯のさらに奥まで届くコンパクトなヘッドがすみずみまで磨きやすい。

クリニカアドバンテージハブラシ/ライオン
¥198(税抜)

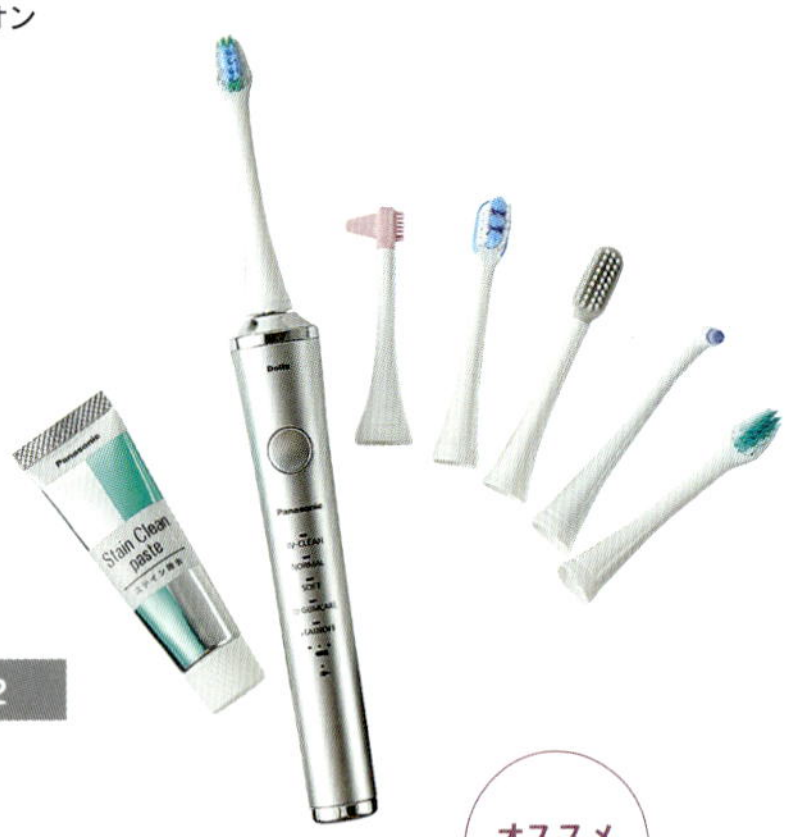

アイテム 2

ドルツ

オススメ POINT

アタッチメントが豊富で幅広いケアに便利。パワーが強いので弱めからスタートするのがオススメ。

音波振動ハブラシ ドルツ/パナソニック
オープン価格

アイテム 3

オススメ POINT

デンタルフロス

歯間にスッと入る細めのフロス。ワックス加工されていて使いやすさ GOOD。

リーチ デンタルフロス ワックス 50M／銀座ステファニー化粧品
オープン価格

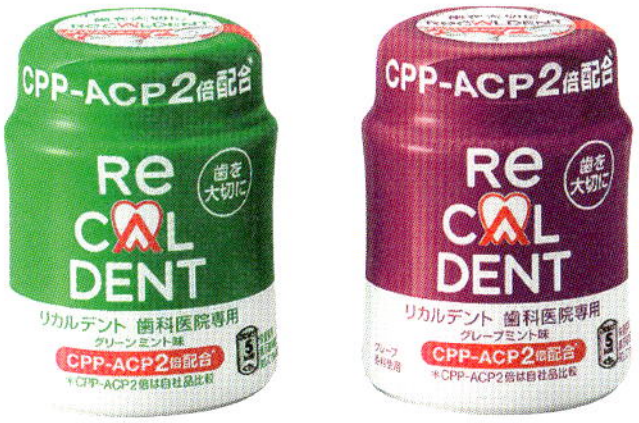

アイテム 4

オススメ POINT

リカルデントガム

歯 CPP-ACP 成分によって歯の再石灰化を促進。酸に溶けにくい丈夫な歯にします。

リカルデントガム／(モンデリーズ・ジャパン)／ジーシー
¥898(税抜)

アイテム 5

オススメ POINT

プロスペック歯間ブラシ

歯の間が普通の人は SS サイズのもので十分。最初は細いものから始めて。

プロスペック歯間ブラシⅡ／ジーシー
¥565(税抜)

アイテム 6

オススメ POINT

ナチュラルドロップス

研磨剤や界面活性剤、防腐剤など不使用で安心して使えます。泡立たない薬用ジェル。

ナチュラルドロップス／イービーエス
¥3,000(税抜)

オススメ

笑顔が増える
口もとケアアイテム

清潔感のあるステキな笑顔の口もとでいるために、歯・唇・食のこと、あらゆることに気を配ります。ポーチの中は口もと美容に繋がるお役立ちアイテムでいっぱいです。

アイテム 1

ナリン　リフレッシングマウススプレー

ほのかに甘く、爽やかな清涼感がやみつきに。食後や普段の口臭予防に最適。

オススメ
POINT

ナリン　リフレッシングマウススプレー／スターティス
¥1,800(税抜)

アイテム 2

ウルトラハレガード

オススメ
POINT

口内環境を整えるオーバルゲン®PG、オーバルゲン®DCをW配合！

ウルトラハレガード／雪印ビーンスターク
¥4,766(税抜)

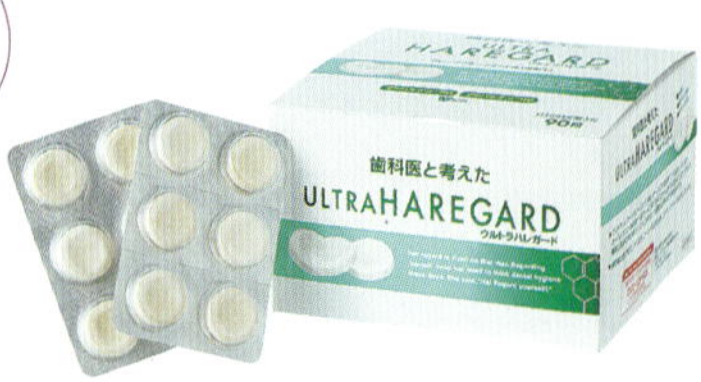

アイテム 3

オススメ POINT

Mega Lipo VC100

歯茎を作る「コラーゲン」の材料となるビタミン C はサプリメントで効率よく摂ります。

メガリポ VC100／ドクターシーラボ
¥7,800（税抜）

アイテム 4

オススメ POINT

ナッツバー

小腹が空いたときのおやつは、噛み応えがあってしっかり噛んで食べられるものを。だ液の力も高まります。

Taste of Nature オーガニック＆ナッツバー　ザクロ／むそう商事
¥280（税抜）

アイテム 5

オススメ POINT

綿棒

紅茶や赤ワインを飲んだり、色のついたものを食べた後は、歯の表面を綿棒でささっと拭いて取り去ります。個包装のものなら携帯しやすい。

著者私物

おわりに

美容や健康について考えたとき、どうしても後回しになってしまっている口もとのケアですが、女性がいつまでも美しくキレイでいるためには口もとがとても重要であることを伝えたくて、この本を書きました。エクササイズや口もとへの意識、デンタルケアなど、ひとつでも実践してみたいと思うものがあれば幸いです。

私は「笑顔」がとても大切であると考えています。美しい口もとのための最高のエクササイズは笑顔ともいえるでしょう。先日、笑顔は「世界共通である」というニュースが日本中を駆け巡りました。国内にとどまらず世界中で活躍している人の顔を思い浮かべてみると、素敵な笑顔の人が多くいます。ニッコリ笑った顔は、自分や他人も幸せにするだけでなく、運もつかめるものです。多くの人の口もとのケアをしてきて、それを実感しています。

本書を楽しんで読んでいただき、実践して、より笑顔になってほしいと願っています。


最強の笑顔になれる本書を作るにあたり、コスメキッチンを展開するマッシュビューティーラボの小木副社長には、ワニブックス編集長の青柳さんにご縁をつないでいただき、本当に感謝しています。

また、素晴らしい笑顔で表紙に登場してくれたモデルの樋場早紀さんをはじめ、制作にご協力いただいたスタッフのみなさま、そして読者のみなさまに心から感謝申し上げます。

日本中を明るい笑顔で満たせるようになりますように。

ありがとうございました。

２０１９年８月　石井さとこ

美しい口もと

石井さとこ 著

2019年9月26日　初版発行

発行者　横内正昭
編集人　青柳有紀
発行所　株式会社ワニブックス
〒150-8482
東京都渋谷区恵比寿4-4-9　えびす大黒ビル
電話　03-5449-2711（代表）
03-5449-2716（編集部）
ワニブックスHP　http://www.wani.co.jp/
WANI BOOKOUT　http://www.wanibookout.com/

印刷所　株式会社光邦
DTP　株式会社オノ・エーワン
製本所　ナショナル製本

ISBN978-4-8470-9774-4

Staff

cover / p2-7
Photograph　菊地泰久（vale.）
Model　樋場早紀
Hair & Make up　千吉良恵子（cheek one）
Styling　後藤仁子

Photograph　長谷川 梓
Model　西秋愛菜
Hair & Make up　輝・ナディア（Three PEACE）

Design　浮須 恵（フライスタイド）
Writing　尾崎亜佐子
Illustration　伊達智美（sugar）
Proofreading　鈴木初江
Management　北村朋子（SDM）
Edit　野秋真紀子　森 公子（ヴュー企画）
Head Edit　川上隆子（ワニブックス）

Shop List
ユニリーバ お客様相談室　0120-110-747
アリエルトレーディング　0120-201-790
カネボウ化粧品　0120-518-520
RMK Division　0120-988-271
トーン　☎03-5774-5565
貝印 お客様相談室　0120-016-410
ライオン お客様センター　0120-556-913
パナソニック 理美容・健康商品ご相談窓口
0120-878-697
ジーシー　お客様窓口　0120-179-418
銀座ステファニー化粧品　☎03-6779-8585
イービーエス　☎03-6416-1219
スターティス　☎03-6721-1604
雪印ビーンスターク　お客様センター
0120-241-537
むそう商事　☎06-6316-6011
ドクターシーラボ　0120-371-217

※商品の価格はすべて税抜き表示です。
※本書に記載されている情報は2019年8月現在のものです。
商品の価格や仕様などは変更になる場合もあります。
※店舗や時期によって在庫状況が異なり、お取り扱いしていない場合があります。